난 왜 생각이 많을까?

.

.

난 왜 우울할까?

.

.

난 왜 기운이 없을까?

기운의 소통

들어 볼래?

기운에 관해 글을 쓰는 이유

기운은 생활 속에서 널리 이야기되어지고 있고, 이미 대부분의 사람들이 알고 있지만, 사회의 여러 억압과 유혹, 잘못된 정보로 인해 자신에게 필요한 기운을 제대로 파악하지 못하고 있는 것이 사실이다. 이로 인해 자신의 기운을 제대로 **형성**하지 못하고, 그로 인해 자신의 기운을 올바로 **운용**하지 못하여, 자신의 기운을 온전히 유지하지 못하게 된다. 이와 같은 이유로 기운이 약해지게 되면 육체적, 정신적 문제에 이르게 되어 어려움을 겪게 된다.

여기서 밝히는 글이 기운이 약해져 정신적으로 어려움을 겪고 있는 사람들에게, 정신적 기운의 안정을 가져오고, 육체적 기운을 회복하려는 의지를 갖게 하였으면 한다. 특히 성장하는 청소년들이, 자신이 겪는 정신적 혼란이 왜 일어나는지, 본문의 글을 통해 스스로 파악하길 바란다.

담긴 기운

기운에 관해 글을 쓰는 이유

기운이란

       12 giOon First 소 통
정신적 기운의 소통
데자뷰와 자메뷰
나비의 꿈
유체이탈
번지점프를 하다
공부 좀 해라

       42 giOon Second 억 압
남성과 여성, 그리고 억압
억압과 성적 기운의 낭비
이야기 구조와 현실 도피
왕따
아이들의 억압 관계
스포츠와 컴퓨터게임

       62 giOon Third 불 안
거짓말
푸닥거리
만족과 평온
히스테리

72   giOon Fourth 안 정

육체적 기운과 정신적 기운
남성의 기운과 여성의 기운
남성의 기운 유지
가족
일
사회제도

92   tHink First 확 장

발산, 수렴, 간섭
짝 맞추기 게임
자폐적 성향
왜곡현상
돌발적 행동
상실감

102   tHink Second 논 의

신독愼獨
가위눌림과 인공눈 개발
정신적 기운, 영혼, 정신분석학

기운의 형성, 운용, 유지
도를 닦다

독자에게

기 운 알 아 ?

기운이란

'기운'을 간단히 말하면, 인간을 중심으로 움직이는 모든 에너지의 흐름이다. - 기운은 연속적인 에너지의 흐름이기 때문에, 이 에너지를 '어떻게 자신의 기운을 유지하기 위해 지속적으로 사용할 수 있는가?'가 중요하며, 이것은 인간의 역사라 말할 수 있다. - 기운은 인간 중심이며, 기운의 강하고 약함은 한 인간에서부터 집단에 이르기까지 서로 비슷한 위치에 있는 다른 인간이나 다른 집단과의 비교에 의해 나타내는 표현이다. - 기운의 근본은 자연이나, 자연 없이는 인간이 존재할 수 없으므로 자연을 따로 언급하지는 않는다. - 단순히 모든 사람의 기운이 똑같다고 생각하면, 기운은 한 사람보다는 두 사람이 강하다 할 수 있고, 계속 확장하면, 보다 많은 수의 사람들이 가장 강한 기운을 형성한다고 볼 수 있다.

기운은 자기본위이기는 하나 자기중심이 아니다. 자신의 기운이 약한 것은, 자신의 기운을 스스로 온전하게 하지 못할 뿐더러, 그로 인해 주변의 기운을 받치지도 못하기 때문이다. 자신의 기운이 강한 것은, 스스로 자신의 기운을 온전히 하기 때문이기도 하지만 자신의 기운으로 주변의 기운을 받치기 때문이다. 그러므로 서로의 기운을 어느 정도 받치는 가에 따라서 기운의 강하고 약함이 있다.

인간의 기운을 단순하게 두 가지로 구분하면, 육체적 기운과 정신적 기운이 있다. 육체적 기운은 노동력 교환이나 음식물 교환 등으로 서로의 기운을 주고받고, 정신적 기운은 지식과 정보의 교환 등으로 서로의 기운을 주고받는다. 육체적 기운을 유지하기 위해 숨을 쉬고, 음식을 먹는 것과 같이, 정신적 기운을 유지하기 위해서는 계속해서 생각하고, 주위 사람들과 교류하여 정보를 모으고 체계적인 학습으로 지식을 쌓고, 되도록 논리적으로 사고하여 두뇌활동을 활발히 해야 한다.

육체적 기운의 억압이 육체적 기운이 강한 사람으로부터 육체적 기운이 약한 사람에게 가해지듯이, 정신적 기운의 억압도 정신적 기운이 강한 사람으로부터 정신적 기운이 약한 사람에게 가해진다. 사회구조적으로 물질의 한계는 그것을 획득 소유하기 위해 서로 억압이 이루어지는 데, 육체적 기운뿐만 아니라 정신적 기운의 운용 능력 또한 중요한 요소로 작용한다. 육체적 기운이 물리적인 폭력과 음식물의 제한 등으로 억압되는 것과 같이 정신적 기운도 직접적인 언어폭력, 정보의 제한 등으로 이루어진다. 그리고 정신적 기운의 억압은 서로 보이지 않는 상태에서 '저주'와 같은 정신적 기운의 활동으로도 이루어진다. - 기분이라는 것으로 자신에게 들어온 다른 정신적 기운을 판단하는 것을 보면 알 수 있다.

여기서 중요하게 다루는 정신적 기운의 운용은 서로 마주보고 대화하지 않은 상태에서 다른 사람의 감정, 생각 등을 읽거나, 자신의 감정이나 생각 등을 다른 사람에게 전달하는 정신적 기운의 활동이다. - 만약 서로 비슷한 정신적 기운을 갖고 있다면, 서로 정신적 기운의 소통이 원활히 이루어져 의식적으로 생각을 주고받을 가능성이 있다.

giOon First 소통 疏通

정신적 기운의 소통

정신적 기운은 자신이 의식하든 의식하지 못하든 서로 주고받는다. 정신적 기운의 운용 중, 마주하지 않은 상태에서, 그리고 먼 거리에 있는 사람과 자신의 감정, 언어, 영상, 인식, 의지, 생각 등을 주고받는 활동은 알게 모르게 일상적으로 자연스럽게 이루어진다. - 이러한 정신적 기운의 소통을 일단 가설로써 받아들이고 글을 읽기 바란다. - 기운의 기복이 심할 때, 상황에 대해 민감할 때, 정신적 기운의 교류가 적어 다른 정신적 기운을 적극적으로 파악하려 할 때, 기운이 약해져 다른 정신적 기운이 무방비로 들어올 때 등은 다른 사람의 정신적 기운을 의식적으로 알게 된다.

위와 같은 정신적 기운의 소통에 있어, 다른 정신적 기운이 자신의 기운에 어떤 영향을 주느

나에 따라서 매우 불쾌하게 느껴질 수도 있고, 서로 교류하는 좋은 느낌을 가질 수도 있다. 다른 정신적 기운이 자신의 정신적 기운을 억압 한다면, 자신의 기운은 위축되어 약한 기운이 되고, 자신의 정신적 기운을 받쳐준다면, 자신의 기운은 상승되어 강한 기운이 된다. 정신적 기운의 변화는 육체적 기운의 상태에 의해서도 변화되지만, 다른 정신적 기운이 자신에게 들어오는 것에 따라서도 변화가 되어 진다. 대체로 기운이 강하다면, 자신의 정신적 기운은 다른 정신적 기운을 변화시킬 것이고, 자신의 기운이 약하다면, 주변의 자신보다 강한 정신적 기운에 의해 자신의 정신적 기운이 변화될 것이다.

　　　　　정신적 기운의 소통은 육체적 기운의 소통을 전제로 이루어지며, 가족 안에서 가장 활발하고, 일과 관련되어 밀접하게 연결되어진 동료, 오래 만난 친구, 빈번하게 교류하는 이웃, 자주 가는 상점 직원이나 단골 음식점 주인 등과 원활하게 이루어진다. 그리고 이러한 정신적인 교류는 각자의 일상생활 속에서 서로의 정신적 기운에 영향을 주어, 이로 인해 육체적 기운의 운용에도 영향을 준다. 그러므로 자신의 생각과 행동이 어떻게 이루어지는가에 따라서, 자신과 밀접하게 연결된 사람들의 생각이나 행동이 변화되고, 마찬가지로 자신과 밀접하게 연결된 사람들의 정신적 기운이 어떻게 운용되느냐에 따라서, 자신의 정신적 기운에 변화를 가져와 그것으로 인해 자신의 육체적 기운에 영향을 준다. - 정신적 기운이 육체적 기운 없이는 존재할 수 없는 것과 같이, 육체적 기운은 정신적 기운의 활동 없이는 움직이지 못하므로, 정신적 기운의 운용을 언급할 때 육체적 기운을 따로 언급하지 않고, 육체적 기운의 운용을 언급 할 때도, 정신적 기운의 운용을 일부러 언급하지 않는다.

일상생활을 할 때, 자신에게 문득 떠오르는 생각이, 자신과 밀접하게 연결된 사람들에게서 받은 정신적 기운일 수 있으며, 자신에게 들리는 내부의 목소리마저도, 자신과 밀접하게 연결된 사람의 의지일 수 있다. 자신의 기운이 약할 경우, 다른 사람으로부터 들어오는 정신적 기운을 자신의 생각이나 의지로 착각하게 되어, 자신의 육체적 기운의 운용에 영향을 주게 된다. 안정된 상태에서는, 다른 사람의 정신적 기운이 자신에게 강하게 영향을 주는 경우는, 가깝게 연결된 사람이 무엇인가 결정을 할 때, 일에 관계된 중요한 상황일 때, 특정한 사건으로 인해 기운이 변화할 때 등 그 사람이 평상시보다 강한 기운이 필요할 때이며, 그 사람이 의도하든 그렇지 않든 그 사람의 강한 정신적 기운이 자신의 정신적 기운에 전달되어 진다.

　　　넓게 보면, 모든 사람의 정신적 기운은 서로 연결되어져 있어, 아무리 은밀하게 이루어지는 일이라도, 그 일이 중요한 일이라면, 그것을 이루기 위해 강한 기운이 필요하여, 강한 정신적 기운이 나오게 되므로, 그런 정신적 기운이 가까운 주변 사람들에게 영향을 주어 그 사람들의 기운을 변화시킨다. 그리고 점차 주변의 다른 사람들에게 퍼져나갈 것이다. 만약 정신적 기운의 운용능력이 뛰어난 사람이 있다면, 그 은밀한 일은 보다 쉽게 파악이 되어 빠르게 전파될 것이다.

육체적 기운이 온전한 상태에서 정신적 기운의 소통능력이 뛰어난 사람은, 다른 사람들의 정신적 기운을 쉽게 파악 하는데, 사람들이 강하게 내보내는 정신적 기운을 보면 대체로 불만족이나 불편함, 부족 등의 문제들이므로, 자신의 정신적 기운으로 이런 고민들이 계속 들어와 안정을 갖고 올 수 없으므로, 소통능력이 뛰어난 사람들은 다른 사람들이 요구하는 것들을 찾아내어 불편함이나 부족 등을 해결해야 어느 정도 안정감을 얻을 수 있다. 이런 능력이 있는 사람이 취할 수 있는 경우는, 두 가지로 나뉘는데 다른 사람의 고통을 이용하느냐, 해결하느냐 이며, 다른 사람들의 문제를 이용만 하게 되면, 계속해서 불안정할 것이며, 자신의 기운에 위협과 도전을 받을 것이고, 다른 사람들의 문제를 해결하면, 안정감을 얻는 동시에 다른 사람들이 자신의 기운을 받쳐, 강한 기운이 형성될 것이다. - 자신의 기운을 강하게 할 경우에만 정당하다. 기운이 약한 경우에도 정신적 기운의 안정을 위해 다른 사람들의 문제를 해결하려 하는데, 이것은 다른 강한 기운이 자신의 기운을 움직이는 것이므로, 자신의 기운을 유지할 수 없다면, 강한 기운에 대처할 방법을 강구하여 자신의 기운을 온전히 유지하기 위해 힘써야 한다.

다른 정신적 기운이 자신의 정신적 기운과 일시적인 교류를 원할 경우, 순간적으로 정신적 기운의 상승을 가져올 수 있지만, 교류가 지속적이지 않다면, 상승된 기운은 다시 원래 상태로 돌아와, 상승된 상태에서 보면, 하락된 기운은 기운이 없어진 느낌을 들게 하여 불쾌감이나 상실감을 가져올 수 있다.

육체적 기운에 필요한 것들을 얻기 위해 소비생활을 할 경우, 순간적으로 정신적 기운이 교류하여 기운이 상승되는데, 소비생활이 비슷하게 반복되어 일정한 사람들에게 물건을 사게 되면, 그 중요도에 따라 정신적 기운은 어느 정도 상승되어 안정되게 지속된다. 물건을 사면서도 기분이 나쁠 경우는 물건을 파는 사람의 좋지 않은 생각이 자신의 정신적 기운에 들어온 것이며, 물건을 사면서도 낯선 느낌을 갖는 것은 물건을 파는 사람이 정신적 기운의 교류를 하지 않으려하는 것이다. 지속적으로 거래를 하여 서로의 기운을 받치기 위해서는 물건을 사고 팔 때 단지 물건과 돈의 교환 등 육체적 기운의 교류뿐만 아니라, 적절한 정신적 기운의 교류가 이루어져야 한다. 그러나 소비생활이 단지 육체적 기운에 필요한 물건을 얻기 위한 행동으로만 생각하여 불규칙적이고 불특정한 사람들에게 물건을 구입하게 되면, 상대 기운의 여러 가지 측면을 받아들이게 되어, 자신의 기운 변화에 기복이 심해지게 된다. 그렇다고 특정한 대상과 계속 거래를 할 경우에는 서로의 정신적 기운에 간섭이 커져, 좋은 물건을 얻기 위한 판단에 영향을 주게 된다. 소비생활에 있어 기본적인 기운의 교환은 좋은 물건에 있으므로, 빈번한 거래로 인해 형성된 정신적 기운의 간섭이 좋은 물건을 얻는 활동에 지장을 준다면, 육체적 기운에 좋지 않은 영향을 주어 정신적 기운의 교류 또한 좋지 않게 된다.

자신이 다른 정신적 기운을 꺾으려 한다거나, 다른 사람이 자신의 정신적 기운을 꺾으려 한다면, 정신적 기운의 싸움이 일어나게 된다. 정신적 기운의 싸움이 육체적 기운의 싸움을 동반하지 않고, 정신적 기운으로만 싸움을 할 경우에도, 정신적 기운의 싸움은 육체적 기운의 싸움과 같이 그 강도가 강하면, 생명의 위협을 느낄 수 있고, 싸움으로 인해 정신적 기운이 좌절하게 된다면, 기운 회복에 오랜 시간이 걸리거나 치유하기가 어렵게 된다. 그러므로 단지 기운을 뺏고 빼앗는 싸움은 피하고, 경쟁과 협력을 적절히 하는 것이 자신의 기운을 온전히 유지하는 방법이다. 그리고 싸움을 피한다고 해서 기운이 유지되는 것이 아니라 상대에게 맞설 수 있는 기운을 갖거나 서로 필요한 기운을 갖고 있을 경우 싸움이 억제가 되므로, 자신의 기운을 계속 강하게 유지하고 서로에게 필요한 기운을 갖도록 노력하는 것이, 자신의 기운을 온전히 하는 방법이다. 다른 사람들과 적대적인 사소한 기운의 대립을 서로의 기운을 상승시키기 위한 경쟁으로 돌리고, 협력을 통해 서로의 기운을 강하게 하여, 또 다른 강한 기운과 경쟁할 수 있는 여건을 만들어야 한다. 이러한 경쟁과 협력은 사회전반에서 이루어지고 있으나, 어떠한 이유로 인해 기운이 위축된 사람들에게 있어서도 경쟁과 협력을 통해 자신의 기운을 점차 강하게 형성시켜야 한다.

정신적 기운의 교류는 감정, 언어와 영상, 음율, 생각, 관념, 감각인식, 사고방식 등으로 이루어지며, 특별한 문제없이 주변 사람들의 이런 정신적 기운이 자신의 정신적 기운에 크게 간섭하거나 좋지 않은 영향을 준다고 판단되면, 새로운 것을 찾고, 새로운 것을 경험하고, 깊이 있는 사고를 하고, 여러 가지 언어를 익히는 등 보다 폭넓은 인간관계를 위해 정신적 기운을 확장해야 주변 사람으로부터 들어오는 좋지 않은 간섭을 축소시킬 수 있다.

데자뷰와 자메뷰

데자뷰는 프랑스 말이며, 새로운 것을 익숙

하다고 느낄 때 쓰이고, 자메뷰는 데자뷰와 반대로 익숙한 것을 낯설게 느낄 때 쓰인다.

데자뷰를 - 새로운 것을 이미 봤다고 - 느끼는 것은 기억력의 문제, 혹은 정보의 습득이 쉽거나 여러 매체에서 접하여 익숙해진 현실의 문제일 수 있다. 또한 새로운 것이 자신에게 필요할 경우, 혹은 애타게 찾고 있었던 것일 경우 새롭게 접촉을 했어도 낯설지 않은 것이다. 자메뷰를 느끼는 것은 익숙한 장소, 자주 쓰는 물건, 낯익은 사람들이 자신에게 필요가 없어진다면, 더 이상 그 대상을 친숙하게 생각할 필요가 없어 낯설게 되는 것이다.

위에서 설명한 것은 일반적으로 알고 있는 친숙한 느낌과 낯선 느낌이다. 여기서 정신적 기운으로 다루는 데자뷰 현상은, 시각으로 받아들인 상황이 순간 두 번 이루어진 듯 느낌을 받는 것이다. 즉, 동일한 장면을 순간 두 번 보았다는 느낌을 받는 것이다. 그리고 그런 인식 뒤 갑자기 자신이 본 상황이 낯설어지는 자메뷰 현상이 나타나는데, 왜 이런 일이 일어나는 가를 기운의 소통으로 설명하도록 하겠다.

이러한 현상은 인간의 정신적 기운이 소통되어 서로 주고받는다는 간단한 원리를 받아들인다면, 쉽게 이해할 수 있는 현상이다.

데자뷰와 자메뷰를 경험하는 상황을 혼자 있을 때 경험하는 것과 다른 사람과 같이 있을 때 경험하는 것 두 가지로 설명하겠다. 먼저 다른 사람과 같이 있을 때 경험하는 것은 다음과 같다.

여러 사람이 같이 있을 경우, 동일한 장면을 두 명 이상 동시에 본다고 하자. 그 사람들 중 상황에 대해 강한 인식을 하는 사람이 존재하면, 그 사람이 상황에 대해 인식하는 정신적 기운을 바로 옆에 있는 사람이 받아들일 때 데자뷰 현상을 경험할 수가 있다. 이런 경험을 하는 이유는 - 정상적으로 다른 사람과 유대의식을 형성하여 서로의 기운을 주고받는 경우, 마주하는 대부분의 상황을 친숙하게 받아들인다. - 자신의 육체적 기운이 약하거나 혹은 같이 있는 사람과 기운의 소통이 잘 이루어지지 않는, 정상적이지 않은 상황에서, 어떤 특정한 상황을 같이 있던 사람과 동시에 인식할 때, 같이 있는 사람이 상황을 강하게 인식하여, 일시적으로 그 사람이 인식한 정신적 기운이 자신의 정신적 기운에 강하게 들어오기 때문이다. 이렇게 서로의 정신적 기운이 순간적으로 일치가 되어 상대의 인식이 자신의 정신적 기운에 들어온 경우, 자신의 인식과 자신에게 들어온 상대의 정신적 기운을 자신이 다시 인식하는 시간적 차이에 의해, 동일한 사건을 두 번 인식했다고 착각하게 되고, 이를 데자뷰라 한다.

　　　　자메뷰는 정상적일 경우에 대체로 일어나지 않는다. 그렇지만 자신의 육체적 기운이 약해, 정상적이지 않은 경우, 다른 사람과 같이 있을 때, 같이 있던 사람이 인식한 강한 정신적 기운이 자신의 기운에 들어와 순간적으로 상황에 대한 인식이 또렷해지며, 강한 정신적 기운을 갖게 됐다가, 그 사람이 더 이상 정신적 기운을 강하게 내지 않게 되면, 자신에게 들어왔던 기운이 더 이상 들어오지 않게 되어, 정신적 기운이 다시 약해져, 자메뷰라는 상황에 대한 낯선 느낌을 갖게 된다.

　　　혼자 있을 경우, 정상적일 때는 다른 사람의 기운이 자신의 기운을 안정적으로 받쳐주고 있고, 자신의 기운이 안정이 되어 새롭게 부딪치는 상황에 대해 자신의 정신적 기운을 강하게 운용하면, 판단력이 원활히 이루어지기 때문에 상황을 정확히 인식하고, 적극적으로 받아들여 친숙한 느낌을 받을 수 있다. 정상적이지 않을 경우, 새롭게 부딪치는 상황이 아닌 일상적인 생활에서 동일한 상황을 순간 두 번 인식하게 될 경우는 자신의 정신적 기운에 다른 정신적 기운이 들어올 때이다. 자신의 기운과 다른 정신적 기운이 소통이 되는 순간 자신은 강한 기운이 형성이 되어, 방금 전에 본 상황을 강한 기운으로 다시 인식하게 된다. 여럿이 있을 경우와 마찬가지로, 이런 현상이 데자뷰이다. - 자신에게 들어온 다른 정신적 기운이 자신의 정신적 기운의 활동을 파악하는 순간 데자뷰를 강하게 경험하게 된다.

그런 뒤 곧바로 자메뷰라는 낯선 느낌이 드는 것은, 자신의 정신적 기운과 소통하던 다른 정신적 기운이 더 이상 자신과 소통하지 않기 때문이다. 그러면 소통이 되지 않는 그 순간 자신에게 형성된 강한 기운이 약해져 상황이 낯설게 된다.

버스를 타고 잠이 들어 집 근처 정류장에 도착하여 잠에서 깨어났을 때, 순간 낯선 느낌을 받았던 경험이 있을 것이다. 이것은 자신의 정신적 기운이 잠들어 약해져 있다가 깨어나면서 기운이 정상으로 돌아오기 전, 주변 상황에 대한 판단이 원활하게 이루어지지 않아 낯선 느낌을 받는 것이다. 그리고 버스 안에 자신의 집 근처를 처음 온 이방인이 있다면, 그 이방인이 주변 사람을 경계하며 소통하지 않으려는 그 적대적인 정신적 기운의 활동으로 자신이 살고 있는 곳을 더욱 낯설게 느껴지게 할 것이다.

데자뷰와 자메뷰 현상의 갑작스런 느낌은

대체로 기운이 약할 때 경험하게 된다. 자신의 기운을 온전히 유지한다면, 다른 사람과의 정신적 기운의 소통을 부자연스럽게 느끼지 않을 것이다.

나비의 꿈

장자가 어느 날 낮잠을 자다가 꿈을 꾸었다. 나비가 되어 날아다니는 꿈이었다. 장자는 잠에서 깨어나 꿈을 생각하고는 내가 나비의 꿈이 아닌지 모르겠다고 글로써 남겼다. 그리고 사람들은 이 유명한 일화가 장자의 사상을 표현한다고 종종 말하고 있다.

자신이 꾸고 있는 꿈이 자신의 꿈인가? 물론 그럴 수도 있고 그렇지 않을 수도 있다. 그것은 자신의 기운 상태에 따라 그때그때 다르다. 그럼 꿈이 복잡하고 다양하고 이해 불가능한 것처럼 보이며 난해한 것에 대해 설명을 하겠다.

정신적 기운은 자신의 육체적 기운을 움직여 생활하게 한다. 그리고 다른 정신적 기운에게도 영향을 주어 그의 육체적 기운이 움직이는데도 영향을 주게 된다. 이때 자신에게 들어온 다른 정신적 기운을 스스로의 가치판단이나 상황판단으로 필요한 것과 불필요한 것으로 구분하여 자신의 육체적 기운을 온전히 하는데 이용하려 한다. 그리고 다른 정신적 기운에 대한 이해가 제대로 되지 않아 판단이 제대로 이루어지지 않으면, 다른 정신적 기운은 자신의 행동에 영향을 주지 않고, 그 정신적 기운이 이해가 될 때까지 자신의 정신적 기운에 담아 계속 판단을 유보하며, 그 정신적 기운을 이해하려는 시도를 한다. 꿈은 이러한 다른 사람들에게서 받은 여러 가지 정신적 기운을 이해하려는 시도이다. - 이런 시도가 불가능하여 그 기운에 대해 판단을 하지 못하면, 생활을 하다가 자신의 기운이 약해질 때 자기 것이 되지 못한 기운, 즉 자신이 접촉했을 때 다른 사람이 갖고 있던 기분, 감정, 사상, 말투 등이 자신의 의지와 상관없이 나올 가능성이 있다.

꿈은 또한 다른 정신적 기운과 교류의 기능을 한다. 낮의 일상생활에서 자신과 연결된 사람들과 정신적 기운으로 교류를 하는데, 이런 교류가 꿈을 꾸면서도 계속 이루어진다. 꿈을 꾸면서 익숙하지 않은 선명한 꿈을 꾼다면, 다른 정신적 기운과 자신이 꿈으로 교류를 하고 있는 것이다. - 이러한 꿈을 통한 정신적 기운의 교류는 일단, 정신적 기운의 교류가 특정한 사람과 이루어질 수 있다는 사실이므로, 각자 구별되는 서로 다른 기운이 형성되어 이를 기반으로 정신적 기운의 교류를 한다고 보인다. - 잠을 잘 때, 다른 정신적 기운이 자신의 기운을 억압하려 한다면, 밤새 악몽에 시달릴 것이다.

기운이 약하면 외부로부터 다른 기운들이 쉽게 자신에게 들어오며, 잘 때는 더욱 무방비 상태가 된다. 이럴 때 다른 사람의 정신적 기운이 들어오면 자신의 꿈에서 다른 사람의 정신적 기운을 영상으로 보게 된다. - 거리에 따른 정신적 기운의 교류만을 생각해 보자. - 잠을 자면서 자신이 요리를 하는 꿈을 꾸면, 옆집 아주머니가 요리를 하는 것일 수 있고, 어떤 액션영화의 장면이 눈앞에 그려지면 뒷집 아이가 액션 장면을 흥분하며 보고 있는 것일 수 있고, 누군가 선반을 고치고 있으면 앞집 아저씨가 어떻게 선반을 고칠까 구상하는 것일 수 있다.

좀 더 복잡하게 이해해 보자. 자신이 직장 사무실에서 동료와 다퉜던 사소한 문제를 신경 쓰다 잠이 든다면 꿈은 이것을 해결하려는 영상으로 그려지려 하는데, 그 순간 자신의 집 앞으로 두려움에 주위를 살피며 지나가는 사람이 있다면, 영상에 그것이 더해져, 자신의 집 앞길을 걷다 동료와 마주쳐서 싸움을 하거나 화해를 하는 영상으로 그려질 것이다. 그리고 자기 옆자리에서 자신에게 평소에도 강한 정신적 기운을 주는 부인이 무슨 장을 볼 것인가에 대해 고민하고 있다면, 꿈은 자기 집 앞길에서 손에 장바구니를 들고, 불안한 기분으로 동료와 사소한 다툼에 대한 해결방안을 강구하고 있을 것이다. 꿈은 수많은 기운이 들어오고 나가고 하면서, 예를 든 것보다 더욱 복잡하고, 난해지고, 변화무쌍해지는 것이다.

자신이 한겨울인데도 불구하고, 냉면이 너무나도 먹고 싶어 꿈에서도 냉면을 먹는 꿈을 꾸고는 그 다음 날 자신의 집 근처 냉면집을 간다면, 그 냉면집 주인은 "오늘따라 냉면을 많이 시키네.." 라고 혼잣말을 할 것이라는 상황을 가정해 볼 수 있을 것이다. - 자신의 정신적 기운이 강하면, 잘 때도 다른 정신적 기운을 자신이 적극적으로 받아들이고, 자신의 정신적 기운을 다른 정신적 기운에 보내는 활동을 적극적으로 하게 된다.

그러면 낮잠에 대해 이야기를 해보자. 낮잠은 그다지 권장해줄 만한 행위가 아니다. 정말 피곤하여 육체적 기운의 휴식을 위해, 잠깐의 잠을 청하는 것은 모르지만, 그 피곤한 잠깐의 사이조차도 별로 좋지 않다. 그 이유는 왕성한 활동을 하는 낮 시간에는 수많은 기운이 오고 가고, 좋은 기운 나쁜 기운 섞여 있는데, 이런 기운들이 순간적으로, 무방비 상태인 낮잠을 청하는 사람에게 들어올 수 있기 때문이다. 자신이 알지 못하는 다른 기운들이 자신의 행동에 영향을 줄 수 있으므로, 온전히 자기 자신의 기운을 지키려면 일단 낮잠은 피하는 것이 좋다. - 낮에 피곤해서 잠깐 잘 때 문득 떠오르는 영상은 다른 사람의 인식이나 생각, 의지일 가능성이 높다.

장자의 꿈을 기운으로 설명해보자. 장자가 나비가 되어 날아다니는 꿈은 나비가 인식하는 정신적 기운이 장자의 정신적 기운에 들어와 영상으로 보인 것이라고 볼 수 있다. 그러나 나비가 인간의 정신적 기운에 영향을 줄 수 있을 정도로 강한 기운을 갖고 있다고는 보이지 않으므로, 장자가 자신이 나비가 되었다고 설명하는 것이, 나비처럼 날아다닌다는 비유로, 하늘을 날 수 있는 새들의 정신적 기운이 들어온 것일 가능성을 갖고 있으며, 이는 인간의 정신적 기운이 동물들과 소통이 가능할 수 있다는 것을 생각해 볼 수 있게 한다. 그러나 여기서는 동물과 인간의 소통에 대해서는 다루지 않는다. - 장자의 꿈에 날아다니는 나비가 나왔다면, 나비를 쫓는 주변 사람의 인식이 들어온 것으로 추측해 볼 수 있을 것이다.

유체이탈

가끔 방송을 보다보면 다큐멘터리 채널 등에서 유체이탈을 경험한 사례를 종종 접하게 된다. 유체이탈의 사례를 두 가지 경우로 나누어 생각해볼 수 있는데, 수술도중 경험하는 경우와 사고가 났을 때 경험하는 경우이다.

큰 수술을 받고난 후, 수술을 받았던 이들이 수술도중 의식이 거의 없는 상태에서, 위에서 수술 받는 자기 모습을 보았다거나 여러 의료장비를 보았다거나, 교통사고 직 후, 위에서 자기가 누워있는 모습을 봤다는 것이다. 이런 경험에 대해 일반적으로 두 가지 견해가 있다. 첫째는 수술이나 사고가 있은 후 의식이 깨어나기 직전에 꿈을 꾼 것이라는 의견과 둘째는 종교적 차원으로 영혼이 빠져나갔다는 것이다. 이런 사례들을 기운의 소통으로 설명하면 다음과 같다.

기운이 약하면, 주위의 다른 정신적 기운들이 쉽게 들어오게 된다. 다른 정신적 기운들은 생각, 의지 그리고 현재 주변 사람이 느끼는 현실에 대한 인식이다. 특히 큰 수술의 경우는 수술 받는 사람, 그 자신의 육체적 기운이 가장 약화된 상태로 진행되기 때문에, 자신의 생각과 의지는 없어지고, 수술을 하는 사람들의 정신적 기운이 그대로 자신에게 들어와, 수술 받는 자기 모습이 보이기도 하고, 다른 여러 의료장비가 보이기도 하는 것이다. 사고의 사례의 경우에 있어서도 물리적인 충돌로 인해 순간적으로 사고를 당한 사람의 육체적 기운이 급격히 약화되어, 사고를 당한 그 자신의 주위에 다른 사람들이 모여, 자신의 상태를 돌보아 주는 정신적 기운들이 들어오는 것이다. 사고를 당한 사람은 기운이 거의 없는 상태이기 때문에 다른 사람이 자신을 보는 인식이, 자신의 정신적 기운에 여과 없이 그대로 들어와, 마치 자신이 자기를 보는 것 같은 경험을 하게 되는 것이다.

여기서 짚고 넘어가야 할 부분은 이러한 자신의 육체적 기운이 급격히 약화되어지는 사고나 상태에 있어서 주변에 사람들이 있느냐 없느냐에 따라 유체이탈을 경험했느냐 안했느냐의 문제가 생긴다. 만약 사람이 없는 곳에서 자신이 자기를 위에서 보는 것과 같은 경험 했다면, 정신적 기운의 소통으로 설명하기에는 어려움이 있지만, 그런 사례는 들어보지 못했다.

잠을 자면서 유체이탈을 경험한 사례는, 잠든 상태에서 자신의 정신적 기운에 다른 강한 정신적 기운이 들어온 것으로, '나비의 꿈'에서 설명한 것과 같이, 자신이 꿈을 꾸고 있다는 의식 없이, 어떠한 상황이 선명하게 보이면, 유체이탈을 한 듯 착각을 하게 된다. 이러한 현상은 자신이 잘 때, 자신의 기운이 일시적으로 약화된 상태에서 주변에 있는 다른 사람의 강한 정신적 기운이 들어온 것이다.

자신의 기운이 약화된 상태에서는 주변의

다른 강한 기운들이 쉽게 자신의 정신적 기운에 영향을 주어, 자신의 정체성을 위협한다. 그러므로 자신의 정체성을 위해서도 자신의 기운을 온전히 돌보아야 한다.

번지점프를 하다

"번지점프를 하다."란 영화가 있다. 꽤 많은 사람들이 이 영화를 봤을 것이다. 이 영화의 내용을 간단하게 살펴보면 다음과 같다.

주인공인 한 남자가 한 여자를 잊지 못해 생기는 부작용을 그린 것으로, 옛 여자를 잃고 난 후에 다른 여자와 결혼을 했지만, 주인공이 옛 여자를 잊지 못해 헤어지고, 교사로 일을 하면서 한 반의 어느 남학생이 자신이 사귀었던 여자의 행동과 비슷한 말투를 해서 이상하게 생각하다가, 결정적으로 자신의 옛 여자와 연관된 지포라이터를 그 학생이 갖고 있어, 그 학생을 자신의 옛 여자의 환생이라고 주인공이 착각한다는 이야기다. 그리고 그 착각이 그 둘을 극단적인 곳까지 몰고 간다는 결말을 보여준다. 이 영화에서는 은근슬쩍 그 남학생을 주인공의 옛 여자의 환생이라 믿게끔 하는 구조를 갖고 있다. 그리고 다시 환생하기 위해 그 들은 번지점프를 하면서 영화는 끝난다. 영화를 만든 사람들의 이러한 믿음은 극히 잘 못된 생각이고, 관객으로 하여금 이러한 믿음을 갖게 하는 이 영화도 극히 잘 못된 영화이다. 그리고 극단적인 방법으로 관객에게 인상을 심어주려 했던 것 같은 데, 그것은 기운이 약한 사람을 잘 못된 방식으로 몰아갈 수 있다. 이런 영화는 정신건강에 극히 해롭다. 그 이유를 기운의 소통으로 설명하면 다음과 같다.

　　동물들은 짝지기 할 때 자신의 우위성을 강조를 한다. 이런 것은 인간들도 마찬가지이다. 자신의 기운을 뻗쳐서 그 기운이 상대의 기운을 휘어잡아야 한다. '번지점프를 하다.'의 영화에서 남녀는 기운이 한창일 때 만난다. 그리고 그러한 한창일 때에는 서로의 기운이 상대방에게 강하게 영향을 끼친다. 이것은 그 사람의 사고와 행동을 바꿀 수도 있는 것이고, 의식과 무의식에도 남는 것이다. 이러한 상태에서 여주인공이 죽는 다는 설정을 했다. 그것은 그렇다고 치자. 주인공은 시간이 지나 결혼을 하지만 여주인공인 옛 여자를 못 잊는다. 이것은 그녀가 죽었다는 설정이 아니더라도 많은 사람들이 그러한 젊은 시절에 받은 서로의 기운으로 인해 계속 영향을 받기 때문에 그럴 수 있다. 그렇지만 이 영화에서는 그런 영향력이 극단적으로 표현되었다.

주인공이 부임해간 학교에서 한 남학생이 이상하게도 자신의 옛 여자의 모습을 떠올리게 하는 행동과 말투를 한다. 이에 주인공은 그 학생을 옛 여자의 환생이라 생각한다. 주인공이 그 학생에게 "너 누구니?"라고 말한다. 그러나 그것은 주인공의 착각이다.

그 학생이 그러한 행동이나 말투를 갖는 그 이유는 주인공이 옛 여자를 잊지 못해 그 여자의 특징적인 행동이나 말투, 그리고 그 여자와 관련되었던 사물들에 대한 기억을 계속 지우지 못하고, 그러한 정신적 기운을 강하게 갖고 있는 상태에서, 한창 배움에 열정이 있고 다른 사람의 기운을 적극적으로 받아들이려는 그 남학생이, 주인공의 정신적 기운을 받아들여 자신도 모르게 그런 행동과 말투를 하는 것이다. 이것은 주인공의 정신적 기운이 그 학생의 정신적 기운에 영향을 주어 행동을 이끈 것이다. 또한 그 정신적 기운은 이 학생으로 하여금 주인공이 기억하고 있는 특징적인 사물을 발견하게 하는 역할을 한다.

이렇게 학생이 주인공의 옛 여자와 비슷한 행동과 말투를 하는 그 이유는 학생이 옛 여자의 환생이 아니라 주인공의 정신적 기운에 지대한 영향을 받았기 때문이다.

이 영화는 그 남학생이 옛 여자의 환생 아닐까 하는 추측을 주는 단서들을 보여주어 관객들로 하여금 환생을 믿게끔 하는 구조를 갖지만, 기운으로 보면, 단지 주인공이 갖고 있는 옛 여자의 기억에 의해, 다른 사람의 기운을 적극적으로 받아들이려는 청소년시절의 한 남학생을, 좋지 않은 방향으로 이끈 결과를 보여주고 있다.

이 영화는 한 사람의 집착이 여러 사람에게 좋지 않은 영향을 준다는 것을 보여준다. 그리고 다른 사람의 기운을 적극적으로 받아들이기 보다는 그 기운의 좋고 나쁨을 구별할 수 있는 능력을 키우는 것이 중요하고, 또한 다른 사람을 가르치는 사람은 자신의 기운을 온전히 유지하는 데 더욱 힘써야 한다는 것을 보여준다.

자신의 기운을 유지하기 위해서는 자신의 상황과 자신의 주변 환경을 파악하고 자신의 기운이 계속 좋게 유지 될 수 있도록 일과 생활에 힘쓰는 것인 만큼 제대로 파악되지 않는 이런 단순한 흥밋거리에 자신의 정신적 기운이 휘둘리지 않도록 해야 한다.

공부 좀 해라

　　많은 어린 학생들이 자신이 무엇을 하기 전에 엄마가 시킨다고 한다. 그래서 공부가 하기 싫어진다고 한다. 만약 자식이 공부를 생각하고 책을 펼치려는 순간 엄마가 부엌에서 식사를 준비하다 말고 "공부 좀 해라 ~ "라고 말한다면, 공부를 하는 입장에서는 맥이 빠지지 않을 수 없다. 누가 시켜서 하는 듯 느껴지니 말이다. 이런 일들은 항상 비슷한 식으로 반복이 된다. 그런 이유를 기운의 소통으로 설명하면 다음과 같다.

　　엄마는 자녀를 키우기 위해 여러 가지 일에 기운을 쓰고, 그 중 정신적 기운을 사용하는 것도 남다르다. 그것은 자녀의 기운을 계속 읽어 자녀의 안전을 돌보고 또한 자녀가 세상의 유혹에 빠져 기운이 낭비되는 것을 막고, 자녀의 기운이 제대로 형성되어 성년이 되서, 기운을 올바로 운용하여, 가족과 사회를 온전하게 유지하기 위함이다.

이러한 '자녀의 생각이나 행동 또는 의지를 자신이 읽는다.'라는 정신적 기운의 자연스러운 현상을 이해하지 못하는 엄마들은 자녀가 공부를 하고자 할 때 '자녀가 공부해야 된다.'라는 순간적으로 떠오른 생각을 자식에게 무심코 말을 하게 된다. 그러면 자녀는 자기의지가 꺾이게 되어 맥이 빠지지 않을 수가 없다. 현명한 부모들은 말로하지 않고, 공부할 수 있는 분위기를 만들어 자녀가 스스로 자신의 의지대로 자신의 기운을 강하게 형성하기 위한, 공부를 하게끔 할 것이다.

giOon Second 억압 抑壓

남성과 여성, 그리고 억압

억압의 경우를 간단하게 나누면, 남성이 다른 남성의 기운을 억압하는 경우, 남성이 여성의 기운을 억압하는 경우, 여성이 다른 여성의 기운을 억압하는 경우, 여성이 남성의 기운을 억압하는 경우이다.

남성이 다른 남성을 억압하는 경우, 물리적 폭력이 먼저 이루어지나, 자신의 육체적 기운이 상대보다 약하거나, 그것이 제한되거나 효과적이지 않거나 하면, 정신적 기운의 억압을 사용하게 되는데, 잘못된 정보를 가르쳐주거나 중독성이 강한 영상물 등 그러한 것에 노출시키는 방법으로 다른 남성이 제대로 정신적 기운을 형성하지 못하게 하거나, 기운이 온전하지 못하게 하여, 계속해서 기운의 유지를 방해하여 기운을 억압한다.

여성이 여성을 억압하는 경우는, 정신적 기운을 억압하려, '저주'와 같은 좋지 않은 정신적 기운을 주는 것과 자신의 우수성을 과시하며 계층을 나누려는 시도를 언급할 수 있다. - 이러한 계층을 나누려는 시도는 여성이 여성을 억압하는 수단이라 생각된다. 계층을 나누어 버리면, 손쉽게 다른 여성을 하위계층으로 몰아버려 보다 억압이 쉬워지기 때문이다. 그래서 여성이 계층을 나누기 위해, 학벌, 소비수준을 이용하는 것이다. - 이러한 억압이 제대로 이루어지지 않는다면, 폭력적인 방법이 동원될 것이고, 육체적 기운이 약하다면, 자신에게 호의적인 남성을 이용하여 다른 여성을 억압하려 할 것이다.

남성이 여성의 기운을 억압하는 수단은 육체적 기운을 사용하는 것으로, 폭력이 가장 쉽게 이루어진다. 여성이 남성의 육체적 기운을 이길 수는 있지만, 상대적으로 남성의 육체적 기운을 이길 수 없으므로, 남성은 폭력을 억압의 수단으로 쉽게 이용한다. 그리고 사회제도를 통해 폭력이 억제된다고 하더라도, 사회제도는 여성과 남성 둘만이 있을 경우 효력을 제대로 갖지 못하므로, 폭력은 가벼운 것부터 심한 것까지 이루어질 수 있다. 폭력이 지속적으로 이루어지면 여성은 정신적 기운까지 억압받게 된다. - 남성의 여성에 대한 육체적 폭력은 대체로 여성의 정신적 기운을 억압하려는 시도이다.

여성이 자라나는 시기에 심한 폭력을 겪게 되거나 성추행과 같은 경험을 갖게 되면, 정신적 기운이 위축되고, 정신적 기운의 활용능력을 제대로 형성시킬 수 없으며, 이로 인해 정신적 기운의 운용도 올바로 할 수 없으며, 그러므로 정신적 기운을 온전히 유지할 수가 없다. 여성의 정신적 기운의 활용능력 저하는 자신의 육체적 기운을 온전하게 할 수 없을 뿐더러, 남성의 정신적 기운에 영향을 주기 위한, 정신적 기운의 활동도 제대로 할 수가 없어, 남성에게 안정감을 주지 못해 남성으로 하여금 여성의 기운을 보호하게 하는 역할을 제대로 할 수 없게 하고, 그러므로 여성은 자신의 기운을 온전하게 유지하지 못하게 된다. 그리고 남성에게 받은 폭력으로, 남성을 여성 자신의 기운을 억압하는 상대라 판단하여, 남성에게 적대적인 감정을 갖게 되면, 남성의 보호를 받지 못해, 여성은 자신의 육체적 기운을 온전히 하지 못하게 되어 좋지 않다. 그리고 육체적 폭력으로 여성을 억압하는 것은, 여성의 정신적 기운을 필요로 하는 남성의 기운 유지에도 좋지 않은 영향을 주므로, 남성 자신에게도 결코 좋은 일이 아니다.

여성이 남성의 기운을 보다 쉽게 억압하는 것은, 남성의 약한 정신적 기운을 이용하는 것이다. 많은 경우, 자라나는 시기, 남성이 여성의 지나친 정신적 기운에 휘둘리게 되면, 남성의 육체적 기운이 위축되거나 과도하게 사용되어, - 이는 여성이, 흔히 말하는 에고이즘에 의해 남성의 기운을 위축시키거나 낭비하게 하는 행위로, 여성 자신이 할 수 있는 간단한 일조차 남성에게 의존하여 시키는 습관적 행위나, 여성 자신의 상황이 급박한 것처럼 계속 도움과 보살핌을 요구하여 남성의 기운을 지나치게 사용하게 하는 경우를 들 수 있다. - 성장기에 필요한 기운이 부족하게 되어, 남성의 육체적 기운이 제대로 형성이 되지 않고, 또한 강한 육체적 기운이 자라나는 시기에 받치지 못할 경우, 여성의 정신적 기운과 동화되어 여성성을 갖게 될 가능성이 있다.

여성이 정신적 기운으로 억압하고, 안정된 육체적 기운이 성장기 남성에게 주어지지 못하면, 남성은 정신적으로 불안해져 계속 여성의 안정된 정신적 기운에 의존하려 하고, 그러한 의존이 지나치게 되면, 성장기 남성이 여성의 정신적 기운과 동화가 되어 여성성을 갖게 되고, 동화된 여성이 필요로 하는 남성을 좋아하게 되거나, 강한 육체적 기운에 의존하려는 성향을 갖게 된다. 이러한 것들이 동성애로 나타나게 된다.

한편 여성이 계속해서 남성에게 정신적 기운을 제대로 주지 않고, 가볍게 하거나 무겁게 하여, 사회생활을 온전하게 유지하지 못하게 하는 경우가 있다. 이것은 여성이 남성의 기운을 억압하거나, 남성을 여성 자신에게서 벗어나지 못하게 하려는 의도를 갖고 있는데, 이렇게 여성의 정신적 기운에 계속 좋지 않은 간섭을 받게 되면, 남성이 기운을 제대로 형성하지도 못하고, 올바로 운용하지도 못하며, 이로 인해서 남성 자신의 기운을 온전하게 유지하지도 못하게 된다. 남성을 억압하는 여성은 그러한 행위가 남성이 자신의 곁에서 벗어나지 못하여, 계속 자신을 지켜줄 것이라 생각하지만, 결과적으로 남성의 기운을 억압하여 자신에게서 벗어나지 못하게 한 그 여성을, 기운이 쇠한 그 남성이 보호하지 못하게 된다.

남성들 중 집안에 틀어박혀 자신의 기운을 제대로 운용하지 못하는 사람들이 있는데, 이것은 여성의 정신적 기운이 지나치게 남성의 정신적 기운에 영향을 주고 간섭을 하여 나타나는 일로, 그 남성은 다른 남성들과의 경쟁과 협력을 통해 기운이 형성되지 못하고, 단지 여성의 정신적 기운에 간섭되어 영향을 계속 받게 되므로, 육체적 기운은 약화되고, 정신적 기운만을 이용하게 되어 여성성을 갖게 된다. 이것으로 인해 육체적 기운이 기반인 남성

중심 사회에서 적극적으로 자신의 기운을 운용하지 못하게 된다.

억압받고 자라난 남성이나 여성이 정신적 기운의 활동과 육체적 기운의 활동을 할 때, 억압을 이기기 위해 자신의 기운을 지나치게 사용하게 되고, 이것이 계속 습관적으로 이루어지면, 자신의 기운을 점차 약화시킨다. 정신 활동을 하더라도 지나치게 생각하며, 육체 활동을 하더라도 필요한 힘보다 과한 힘을 쓰게 되어, 사회생활을 할 때 기운이 부족하게 되고, 자신의 기운 운용에 좋지 않은 영향을 주게 되어, 자신의 기운을 온전히 유지 할 수 없게 된다.

남성과 여성은 서로 자신의 곁에서 벗어나지 못하게 하기 위해, 서로의 기운을 주고 또한 서로의 기운을 억압한다. 이러한 활동은 자연스러운 기운의 운용이지만, 억압보다는 기운의 적절한 교류로써 서로를 곁에서 벗어나지 못하게 하는 것이 좋고, 사회생활을 하면서 습관적으로 익힌 억압을 스스로 고치고, 상대의 억압을 완화시키는 방법을 찾아, 합리적으로 서로의 기운을 운용해야, 서로 조화를 이룰 수 있고, 이러한 조화가 잘 이루어진다면, 가장 강한 기운을 형성할 것이다.

억압과 성적 기운의 낭비

억압받게 되면 기운의 상승욕구가 저하되고 의지가 꺾여, 스스로 자신이 갖고 있는 기운이 불필요한 것으로 판단되어져 자신의 기운을 낭비하게 된다. 기운의 낭비는 기운의 저하를 가져오며, 기운의 저하는 육체적, 정신적으로 이루어진다. - 자위행위는 억압받는 이들에게 보이는 행동으로 남성들의 육체적 기운에 억압받고, 또한 여성들의 정신적 기운에 억압받을 때 나오며, 이로 인해 자신이 갖고 있는 성적 기운을 스스로 불필요하다고 판단하여 해소하거나 축소하려는 행위이다.

억압에 의해 남성들이 단지 욕구만을 풀기

위해 성적인 행위를 하게 되면, 자연스럽게 이것을 이용하는 여성들이 생기게 되는 데, 남성은 육체적 기운이 억압받으면 상대적으로 정신적 기운이 약한 여성들에게 성적 억압행위를 하려 할 것이고, 육체적 기운의 억압과 동시에 여성의 정신적 기운에 억압받는 남성들은 자위행위를 할 것이다. 이러한 행위는 억압이 존재하는 한 계속 될 것이다.

단지 성적 욕구만을 해소하기 위한, 성적 행위는 그 자체로도 좋지 않은 행위이다. 그 이유는 자신을 온전히 유지하기에도 부족한 기운을 낭비하는 행위이며, 낭비되는 기운들을 사회구조 속에서 기술과 문화를 통해 바르게 사용할 경우 사회발전에 보탬이 될 수 있는 기운들이기 때문이다.

정신적, 육체적 기운이 온전한 상태에서 남녀가 만나 성교를 하고, 그렇게 해서 나온 자식들이 온전한 기운을 갖기 때문에, 이러한 자연스러운 기운의 흐름에도 좋지 않은 영향을 준다. 그리고 자식들이 온전한 기운을 갖기 위해서도 성적인 낭비는 그다지 좋지 않다. 성적 기운의 낭비는 자식들에게 주어질 기운을 제대로 주지 못하고, 자식들의 정체성 - 부모로부터 받은 기운으로 형성된 안정된 기운 - 에도 문제를 발생하게 한다. 이는 개인적으로나 사회적으로 또한 대외적으로도 좋지가 않다.

각 개인의 기운은 국가의 기운과 같기 때문에 자신의 기운을 온전히 돌보는 것은 전체를 위한 길이다.

이야기 구조와 현실 도피

성장과정이나 사회활동에서, 강한 기운에 억압받아 기운의 형성에 대한 의지가 꺾이면, 이야기 구조에 빠지는 경우가 많다. 그리고 그 이야기 구조는 현실 도피적 성격이 강한, 현실에서는 존재하기 어려운 환상을 추구하는 경향이 있다.

부모에 대한 의존도가 높거나 또는 성장기

에 기운의 형성에 대한 의지가 꺾이게 되면 계속 귀여운 어린아이로 남아 부모가 자신을 돌보아 주길 원하게 되나, 그런 것이 제대로 이루어지지 않을 때에는 이야기구조에 빠져 현실로부터 도피를 하게 된다. 이로 인해 정신적으로나 육체적으로 성장이 늦어져 사회의 경쟁구조 속에서 별다른 성과를 얻지 못한다. 그리고 성인이 되고난 후에도 자신의 기운을 제대로 형성하지 못해 다른 사람에 의해 억압받게 되어 좋지 않은 상황에 직면하게 된다. 이렇게 된 것은 성장기에 자신의 기운이 억압되어 나온 결과이기 때문에 어쩔 수 없다 하더라도, 성인이 되어 이러한 자신의 부족한 기운을 알게 되면, 자신의 기운을 온전히 하는데 머물지 말고 보다 강한 기운을 형성하도록 적극적으로 움직여야 할 것이다.

     그렇지 못한 경우 성인이 되어서도 현실도피적인 습관이 계속되어, 이야기 구조에 빠지거나 환상을 추구하여 기운을 낭비하게 되면, 점차 기운이 약해져 자신의 정체성이 사라지게 된다. 그러므로 자신의 현 상황에 대해 적극적으로 대처하여 자신의 기운을 온전히 하도록 힘써야 할 것이다.

왕따

　　왕따는 동료나 주변 사람들과 정신적 기운의 교류가 원활히 이루어지지 못할 때 이루어진다. 정신적 기운의 교류가 원활히 이루어지지 못하면, 육체적 기운의 교류도 당연히 잘 이루어지지 못하여 어울릴 수 없다. 이는 왕따의 대상이 자신과 맞지 않는 기운들 안에 존재하는 경우이며, 이때는 그 곳을 벗어나 자신과 기운이 비슷한 사람들과 어울리면, 왕따는 해소가 된다.

　　구조적으로 왕따를 만들어 내는 경우는, 학교나 사회조직 등의 집단 안에서 억압을 가하여 기운의 상승을 추구하는 성향을 가질 때이며, 좋지 않은 기운을, 억압을 통해 계속 아래로 흘려버려, 무리 중 가장 기운이 약한 사람이 좋지 않은 기운을 모두 받게 되는데, 집단 내에서 구성원들이 자신들의 기운 유지만을 위해, 그것에 공감할 경우 왕따가 생기는 것으로, 폐쇄적인 집단에서 이루어진다.

폐쇄적인 집단은 기운에 따라 서열이 발생하여 억압이 이루어지는데, 그 안에서 각자 자신들의 기운 유지만을 위해 억압을 모두 아래로 흘려버리면, 기운이 가장 약한 사람이 가장 큰 억압을 받게 된다. 이로 인해 가장 약한 사람이 자신의 기운을 유지할 수 없을 정도로 생존에까지 위협받게 되었다고 판단하면, 그 자신은 자신의 기운을 유지하기 위해 자신을 억압하는 집단으로부터 벗어나려는 시도를 하게 된다. 만약 억압으로부터 벗어날 수 없다고 판단될 경우는 극단적인 선택을 하게 된다. 또한 그 집단에서 억압의 대상이던 왕따가 사라지면, 또다시 왕따가 만들어지게 된다.

왕따를 만드는 폐쇄적인 구조를 개방적인 구조로 만들기 위해서는, 지속적인 경쟁과 협력을 이끌어내야 하며, 그것이 다양한 분야에서 이루어져야 한다. 그리고 다른 집단과 교류가 원활하게 이루어져야 하고, 기본적인 기운의 유지가 가능해야 하며, 약해진 기운을 상승시킬 수 있는 여러 가지 방안이 마련되어야 한다.

왕따의 대상이었던 사람이 갖고 있던 극도로 억압된 정신적 기운은, 구성원들의 정신적 기운에 영향을 주게 되어, 구성원들에게도 정신적 문제를 갖게 하는 등 좋지 않은 결과를 불러 올 수 있다.

아이들의 억압 관계

사람은 자신의 기운을 유지하기 위해 다른 사람을 억압하거나, 다른 사람과 협력하거나, 다른 사람을 받쳐주거나, 관계를 끊어버리거나 한다.

어린아이들을 보면 그러한 관계를 잘 알 수가 있다. 어린아이들은 자신의 기운대로 하려는 의지가 강하다. 한집에 아이가 셋 있고, 나이 차이가 있으며, 외부의 다른 기운의 간섭이 같다고 가정하자. 첫째는 우선 많은 기운을 갖고 있으므로 가장 강하고, 그래서 둘째와 셋째를 억압하는 기운도 강하다. 그렇게 둘째가 억압을 받다보면, 둘째는 자신이 받은 억압을 셋째에게 푼다. 셋째는 어쩔 수 없이, 둘째를 억압하는 첫째에게 잘 보이려는 행동을 취한다. 이러한 관계에서 시간이지나 점차 육체와 정신이 자라며, 그 관계도 서서히 변하게 된다. 첫째가 둘째와 셋째를 억압하는 기운을 사용하였다면, 자라면서 그 기운도 협력관계를 유지하려는 기운으로 바뀌게 된다. 이는 자신에게 들어오는 다른 외부의 억압에서 살아남기 위한 방법이기도 하고, 둘째와 셋째가 커가면서 대등한 위치를 요구해오기 때문이기도 하다. 둘째와 셋째는 어릴 적 첫째의 억압이 강하였다면, 이로 인한 첫째의 영향력에서 벗어나기가 어렵다. 이로 인해 둘째와 셋째가 첫째에게 협력을 하든가, 첫째를 둘째와 셋째가 억압을 하든가, 또는 관계를 끊는 방법을 취할 수 있다. 이 중 둘째와 셋째가 어느 정도 기운을 갖고 있다면, 관계를 끊거나 첫째를 둘째 셋째가 억압하게 될 가능성이 높다.

억압이 작았다면 둘째와 셋째는 억압에서 벗어나기 위해서 협력관계가 될 가능성이 높다. 그러나 첫째의 억압보다 다른 외부의 억압이 크게 작용할 경우 첫째와 협력관계가 될 가능성이 더 크다. 그 중 셋째는 협력관계보다는 억압을 계속 받을 수밖에 없는 현실에 직면한다. 첫째와 둘째가 협력관계가 된다면 첫째의 보호를 받고 둘째를 견제하던 그러한 관계가 사라지고 자신이 첫째에게 잘 보이려 첫째를 위해 사용한 기운은 첫째를 더욱 강한 기운으로 만들었기 때문에 셋째는 기운이 그다지 크지 않게 될 가능성이 높다. 따라서 커서도 상대적으로 기운이 약하므로 협력관계보다는 억압받을 가능성이 더 크다. 만약 셋째가 첫째와 협력관계까지 갔다면 둘째가 협력관계가 될 가능성이 비교적 적다. 외부의 억압이 항상 존재하므로, 가장 좋은 것은 모두 협력관계가 되는 것인데 자라나면서 받은 억압의 크기에 따라 다르다. 그리고 억압관계는 예로 든 것과 같이 간단하지 않고, 여성과 남성, 부모의 성향, 사회 분위기 등 여러 가지 요소가 작용하므로 복잡하다.

억압은 사회형성의 한 부분이지만, 사회발전이라는 것은 이러한 억압을 협력관계로 돌리는 과정이다.

스포츠와 컴퓨터게임

일반적으로 스포츠 경기는 단순한 형태의 규칙과 응원하는 팀이 둘 중 하나로 정해져 있어, 관람객과 선수들의 기운은 비슷한 방향으로 향하거나 동일하게 된다. 이런 기운들은 서로 영향을 주고 받으며, 승패를 가르는 경기에 있어서 승리는 큰 기운의 상승을 가져오고 패배는 기운의 하락을 가져온다. 승리는 승리를 위한 집념이고, 그것이 감정적이 되더라도 끊임없는 노력에 의해 얻는 것이니 만큼, 그 기운은 그 곳에 모인 선수나 관객에게 좋은 쪽으로 작용한다.

한편 승리의 기운이 지나치면 방탕해지고, 패배의 기운이 지나치면 거칠어진다. 그러한 승패를 가르는 경기를 보면 그다지 복잡하지 않고, 특히 남성들 위주의 육체적 활동이 강한 운동들이다. 이러한 스포츠를 여성들이 많이 관람하게 되면 선수들에게 정신적으로도 강하게 받쳐주게 되므로, 그 종목은 자연스럽게 강한 기운을 갖게 되어 인기 있는 종목으로 자리 잡게 된다.

　　　　스포츠는 복잡한 현실 구조 속에서, 정신적 기운을 단순하게 하는 역할을 하므로 좋다할 수 있으나, 정신적 기운을 활발하게 이용하지 못하는 사람들에게는, 일치된 강한 기운이 일순간 자신에게 들어와 이를 스스로 조정하기 어려워 돌발적인 행동을 하여, 자신의 기운을 온전하게 유지하기 힘들어질 가능성이 높다. 그래서 육체적 기운을 주로 사용하는 사람들도 어느 정도 정신적인 활동에 자신의 기운을 쓰는 것이 필요하다.

　　　　장기나 바둑 같이 정신적 기운을 쓰는 쪽으로 발달된 컴퓨터 및 그와 유사한 게임들이 전자스포츠라고 불리고 있는데, 이는 사회의 정신적 기운이 활발해져 나온 것이다. 이런 컴퓨터게임들이 복잡한 형태를 띠고 있더라도 고도의 과학기술과 복잡한 사회구조를 배우는 요즘 사람들이 그것을 이해하는 데에 무리가 없을 것이다. 또한 전자스포츠라 불리는 게임은 그 종류도 다양하고 정신적 기운을 쓰는 방식도 다양하므로 자신의 기운에 맞는 것을 찾는 현명함이 필요하다.

컴퓨터 게임은 네트워크화가 이루어져서 정신적으로 교류를 하게 되는 데, 한 가지 게임을 네트워크로 멀티플레이를 계속하다보면 일정한 패턴이 생기고, 이러한 패턴으로 정신적 기운이 오고간다. 현실에 존재하지 않는 가상세계의 일정한 패턴으로 기운을 주고받으면, 현실에서 기운을 주고받는 패턴과 달라 일상생활에 지장을 줄 수 있으므로, 정신적 기운의 다양성을 확보하고 우선 육체적 기운을 온전하게 하는데 힘써야한다.

한편 억압받아 육체적, 정신적 기운이 약해진 남성에게는 육체적 기운을 쓰지 않고, 단지 정신

적 기운을 쓰는 두뇌게임들이 현실도피를 위한 수단
으로 사용되어 중독성을 갖게 될 경우, 그 자신은
점차 육체적 기운이 하락될 것이다. 따라서 육체적
기운이 약하더라도, 적극적으로 현실에 대응하여 육
체적 기운의 하락을 다시 끌어올리려는 노력이 필요
하다.

giOon Third 불안 不安

거짓말

"정직해야 한다." 주변 사람들은 이렇게 이야기 한다. 왜 정직해야 하는지 기운으로 한번 이야기해 보자.

사람은 자신의 정신적 기운으로 다른 사람의 생각이나 의도를 읽는다. 이것은 인간이 사회생활을 하면서 당연히 가지고 있는 것이다. 그리고 자신의 기운이 상대와 정황을 올바르게 파악하고 있는지에 대해 그 사람의 말과 행동을 통해 인식하고 조정한다. 상대방이 자신이 알고 싶어 하는 일에 대해 거짓말을 하면, 일단 그것에 대해 자신의 기운으로 그 사람의 몸짓, 말투 그리고 생각을 읽어, 그것이 사실인지 아닌지 알아낸다. 이것은 의식적이든 의식적이지 않든 이루어지는 것이다. 만약 상대의 생각을 읽을 수 있는 수준이라면, 즉시 그 사람의 거짓말에 적절히 대처하고 그 사람과의 관계를 조정하겠지만, 그렇지 못한 경우에는, 거짓말을 하는 상대의 기운을 읽어 낸 것에 대한 판단을 유보하게 된다. 이러한 것은 사실 확인이 이루어지면, 다시 상대의 기운을 판단하여 그 사람과의 관계와 자신의 기운을 조정하게 될 것이다. 그러나 그 사실이 확인되지 않는다면, 그 중요도에 따라 혼란이 지속 될 것이다.

자신이 정직하고 성실 - 단지 열심히만 아니라 현실을 능동적으로 대처하며 - 하게 살아왔다면, 달리 크게 기운의 낭비가 없기 때문에 다른 이의 거짓말을 쉽게 알 수 있을 것이다. 그렇지 않고 자신도 다른 사람을 속이고 기만하며 살아왔다면, 다른 사람의 거짓말을 알아내는 기운은 그다지 믿을 만한 것이 못된다. 거짓말을 하는데 있어 상대를 속이려면 진짜 같아야 한다. 그러면 거짓말을 하면서도 자신의 기운은 거짓을 진실로 대하며 자신조차 속이게 되므로, 이러한 과정이 반복된다면 자신의 기운은 거짓도 진실처럼 파악하게 되고, 그러므로 진실과 거짓의 구분을 모호하게 만들어 버린다. 그러면 자신도 다른 사람의 거짓말을 구별해내기 위해 자신이 사용하는 정신적 기운을 이용하기 어렵게 된다. 또한 다른 사람이 하는 말을 읽는 능력이 떨어지기 때문에 그것을 구분하여 사실을 알아내기 위해 많은 기운이 소모가 되므로, 다른 활동을 할 기운이 부족하게 된다.

자신이 다른 사람에게 거짓말과 기만을 하게 되면, 상대는 그 중요도에 따라 거짓말을 하는 기운을 파악하여 대처방법을 강구할 것이다. 한편 이러한 것들을 알고 있는 사람이 거짓말을 한다는 것은 자기보호를 위한 것이거나, 상대와의 관계를 유지 또는 정리하고 싶어 하는 의지가 담겨져 있다고 볼 수 있다.

푸닥거리

무당이 굿을 하는 푸닥거리는 미신이 아니다. 자신에게 다른 사람의 강한 기운이 들어온다면 자신은 자신의 의지대로 행동하지 못한다. 그러면 이상해졌다거나 미친 사람처럼 취급을 받게 된다. 그 좋지 않은 강한 기운은 의도적일 수도 있고, 의도적이지 않을 수도 있다.

좋지 않은 기운이 들어오는 것을 두 가지 경우로 볼 수 있는데, 하나는 가족이나 친척 중 가까운 주변 사람의 정신적 기운에 의해서 억압당할 경우이고, 또 하나는 일이나 이웃 중, 적대적인 경쟁상대나 자신에게 피해를 입은 사람들로부터 저주가 들어오는 경우이다.

그러한 좋지 않은 기운을 무당의 강한 기운으로 들어오지 못하게 하는 것이 푸닥거리다. 그러나 이때 무당의 기운이 저주를 보내는 강한 정신적 기운보다 강해야 한다. 그리고 무당의 기운에 꺾여 다시 좋지 않은 기운이 들어오지 않아야 효과를 볼 수 있다. 그러나 가까운 사람들 중 한 사람이 그 자신도 모르게 기운을 억압하고 있다거나, 적대적인 경쟁상대가 절박할 경우는 별로 효과가 없을 것이다. 그리고 기운의 주고받음이 적절히 이루어져야 무당의 푸닥거리를 빌려, 좋지 않은 기운을 내보내려는 시도가 필요치 않을 것이다.

　　　　점을 볼 때 역술인이 점을 보러온 사람의 과거를 신기하게 잘 맞춘다고 한다. 이것은 점을 볼 때 다른 사람의 정신적 기운을 파악하는 능력이 뛰어난 역술인이 상대의 고민이나 기억을 읽는 것으로 판단된다. 그러나 역술인이 미래를 볼 수 있다는 것에 있어서는 의문이다. 미래 또한 과거가 쌓여 만들어내는 것이므로 어느 정도 예측은 가능하더라도, 세상에는 무수한 변수들이 있고, 점을 보러온 사람이 스스로 의지를 갖고 행동을 할 때 자신과 사회는 변화되는 것이므로, 역술인의 말을 조언으로 듣고, 전적으로 의지하지는 않는 현명함이 필요하다.

　　　　　　　　만족과 평온

　　　만족이라는 느낌은 그것을 오래 인지할수록

별로 좋지 않다. 항상 위험과 직면해 있어 자신을 온전히 돌보기 위해 기운을 여러 가지 쓰고 있다가 어느 순간 만족이라는 감정을 얻게 된다면, 그 순간부터 좋지 않은 기운들이 들어오게 된다. 이런 이유로 근심걱정이 없는 만족보다는, 만족이 단순히 그것으로 끝나지 않고, 또 다른 도전을 위한 연속이어야 하고, 항상 끊임없이 새로운 것을 받아들일 준비가 되어있어야 좋지 않은 기운이 들어오는 것을 막을 수 있다.

일시적인 평온은 누군가 자신을 향해 강한 정신적 기운을 주고 있을 때이다. 자신이 갖고 있는 기운을 그 누군가가 원하기 때문에, 자신이 갖고 있는 기운을 얻기 위해 일시적으로 강한 정신적 기운을 보내는 것이다. 자신이 그 누군가가 갖고 있는 문제들을 해결하거나 자신의 기운을 그 누군가에게 주지 않는다면, 그 평온함이 곧바로 불안감으로 바뀌게 될 것이다. 그리고 단지 정신적인 평온을 위해 자신에게 불필요한 문제를 해결하며 자신의 기운을 낭비하고, 자신이 갖고 있는 기운을 주면, 자신의 기운은 점차 약해져, 그로 인해 육체적, 정신적인 문제에 다다르게 되어, 자신의 존립까지 위험을 받게 될 것이다. 그러므로 자신의 노력에 의해 얻은 안정감이 아닌, 뜻하지 않게 평소와 다른 일시적인 평온함을 강하게 갖게 된다면, 그때가 외부에서 누군가 찾아오는 것을 경계해야할 순간이다.

자신의 기운을 강하게 형성할 수 있는, 그런 기운이 있는 곳에는 항상 경쟁이 있기 때문에 불안과 긴장이 존재한다. 만약 불안과 긴장을 피해 평온만을 찾으려 한다면, 기운이 점차 부족하게 되어 기운이 약화될 것이다. 그러므로 불안과 긴장을 피하려 하지 말고, 꾸준히 계속된 경쟁 속에서 기운을 운용하여 얻은 안정감으로 기운을 유지하고, 다른 기운들과의 경쟁관계를 협력관계로 돌려, 경쟁으로 인해 발생하는 불필요한 기운의 낭비를 막고, 지속해서 기운을 온전하게 유지할 수 있는 방법을 찾아야 한다.

히스테리

히스테리는 자신의 정신적 기운이 자신의 육체적 기운을 온전히 유지하지 못할 때 생긴다. 정신적 기운의 형성과정 중 어떠한 이유에서 좋지 않은 기운이나, 불필요한 기운이 들어와 그 기운들에 의해 정신적 기운을 운용하는 것에 좋지 않은 영향을 받아, 자신에게 필요한 기운을 제대로 받아들이지 못하고, 또한 불필요한 기운들을 제대로 막지 못해 기운이 약해지게 되면, 자신의 기운은 자신을 온전하게 하지 못하는 정신적 기운을 내보내려는 시도를 하게 되는데, 이것이 본능적으로 갑자기 나타나게 되면 히스테리가 되는 것이다.

대체로 자신의 정신적 기운을 형성하는 다른 정신적 기운, 즉 부모나 형제, 친구, 동료, 이웃, 자신을 가르치는 사람 등이 자신에게 보낸 기운들이 자신의 정신적 기운의 운용에 영향을 주는데, 그러한 영향이 자신의 육체적 기운을 온전히 유지하지 못하게 하면, 그 기운 중에 자신의 기운을 온전하게 하지 못하는 기운을 구분하여, 그 대상에 대한 적대적인 기운을 형성하여, 적절한 대응을 하려한다. 그러나 적절한 대응을 하지 못해 상대의 좋지 않은 기운이 자신의 기운을 계속 억압하거나 간섭하게 된다면, 그 억압을 이기기 위해 히스테리와 같은 돌발적인 행동이 나올 수 있다. 다른 한편으로는 자신에게 좋지 않은 기운을 주는 그 대상을 적절히 구별하여 찾지 못하고, 단지 적대적인 기운만을 형성하고 있을 경우, 누군가 자신의 기운을 억압하거나 좋지 않게 하는 정신적 기운을 주게 되면, 자신에 끼치는 영향력이 작다하더라도, 그 기운에 적절히 상대하지 못하고, 순간 갖고 있던 적대적인 기운이 갑자기 쏟아져 나와 히스테리와 같은 반응을 하게 된다.

히스테리는 또한 일정한 환경에 의해 형성된 정신적 기운의 운용이, 환경이 바뀌어도 그대로 운용되어 상황에 맞지 않게 되어, 육체적 기운이 부족하게 될 경우, 상황에 맞게 기운이 운용되기 위해 육체적 기운이 정신적 기운의 변화를 시도하게 되는데, 그러한 변화의 시도가 급작스럽게 나타나면 히스테리가 된다. 예로 자신이 이사를 많이 다녀, 다른 사람과의 교류가 지속적이지 않을 경우, 그렇게 자신의 기운이 형성이 되었는데, 어느 순간부터 어느 한 곳에 머물게 되었어도, 자신은 다른 사람들과의 관계를 지속하지 못하게 될 경우, 자신의 활동이 자신의 상황에 맞지 않게 되어 기운이 부족하게 된다. 이때 자신의 육체적 기운은 주변 사람들과 지속적으로 대인관계를 형성해야 한다고 정신적 기운에 변화를 요구하지만 변화가 이루어지지 못하고, 이전 생활로 인해 일정하게 형성된, 지속되지 않은 정신적 기운의 운용으로 주변사람들과 계속 교류를 하면 육체적 기운이 버틸 수 없는 상황에 이르게 된다. 그렇게 되면 육체적 기운은 기운의 유지를 위해 지속적이지 못한 정신적 기운의 운용을 바꾸려고 히스테리를 일으키는 자극을 정신적 기운에 보내어 변화를 시도하게 된다.

giOon Fourth 안 정 安 定

육체적 기운과 정신적 기운

　　육체는 정신없이는 움직일 수 없으나 움직이는 근본은 육체에 있고, 이 육체가 없으면 정신이 없다. 따라서 육체적 기운을 정신적 기운이 받치고, 육체적, 정신적 기운을 온전히 하기 위해 두 기운이 조화를 이루어야 한다. 여성이나 남성 각 개인의 내부적인 것도 그렇고 남녀의 조화에서도 그러하며 사회를 유지하거나 대외적인 것에서도 이러한 기운의 조화가 이루어져야 한다.

　　육체적 기운이 약하면, 자신의 정신적 기운은 다른 정신적 기운에 의해 크게 영향 받아 자신의 육체적 기운을 자기의지와 상관없이 움직이고, 육체적 기운이 강하면 정신적 기운은 다른 정신적 기운에 영향을 주어 그들의 육체적 기운에 영향을 주게 된다. - 한편 강한 정신적 기운은 강한 육체에서 나오는데, 육체적 기운을 강하게 유지하기 위해 정신적 기운을 사용하여, 다른 정신적 기운들에 영향을 주어, 그들의 육체적 기운을 사용하게 하고, 이것으로 자신의 육체적 기운을 다시 강하게 유지하게 하는 이러한 강한 육체적, 정신적 기운을 권력이라 말할 수 있다.

육체적 기운이 아주 약해지면 정신적 기운은 자신의 생각과 의지가 없어져, 다른 정신적 기운들과 일치되어 버린다. 이런 상태가 되면 자신의 정신적 기운은 자신의 육체를 받치지 못하게 되고, 자신의 생각과 의지는 사라져, 육체 또한 움직여지지 못하게 되는 상태에 이르게 된다. 이렇게 정신적 기운이 약화가 되기 전에 자신의 육체적 기운을 온전하게 유지하도록 힘써야 하고, 기운이 강할 때, 다른 강한 기운을 받아들여 자신의 기운을 보완하여 계속 강한 육체적, 정신적 기운을 유지해야 한다.

개개인의 기운이 모여 보다 큰 기운을 만들어 내고 이런 것들이 사회를 움직이는 육체적, 정신적 기운이 된다. 따라서 그 기운들 속의 한 부분인 자신의 기운의 특성을 파악하고 개발하여 자신의 기운을 적절히 사용하는 것이 자신의 기운을 유지하고, 사회생활을 잘 하는 방법이라 할 수 있겠다.

남성의 기운과 여성의 기운

　　　　남성은 상대적으로 육체적 기운을 주로 운용하고, 여성은 상대적으로 정신적 기운을 주로 운용한다. 이로써 서로의 기운을 보완해준다.

　　　　여성의 불안이나 불만 등은 남성의 정신적 기운을 동요시켜 불안과 불만을 갖게 한다. 그래서 남성은 여성의 불안이나 불만 등을 해결하여 자신에게 좋지 않은 정신적 기운이 들어오지 않게 한다. - 이는 상대적으로 여성이 남성의 정신적 기운을 받쳐주지 않으면 삶이 삭막하게 변하기 때문이고, 여성도 남성의 육체적 기운이 받쳐주지 않는다면 삶이 어렵기는 마찬가지다. - 여성이 불안해하면 남성은 여성을 보호해줘야 하며, 여성이 욕구불만이면 남성은 여성을 만족시키기 위해 끊임없이 움직여야 한다. 이에 남성들은 자신의 정신적 기운을 받쳐주는 여성의 불안을 없애기 위해, 그리고 그 여성에게 만족을 주기 위해 여러 가지 일을 하지만, 그 중 전쟁은 큰 비중을 차지한다. 이것은 육체적 기운을 써야 하는 남성들에게는 불쌍한 일이지만 어쩔 수 없는 일이다. 인간의 역사는 전쟁의 역사라고 하는데 그 중심에는 여성이 큰 역할을 한다.

전쟁은 남성들에게 엄청난 고통을 가져와, 이로 인해 정신적으로 어느 정도 발달된 남성들은 욕구불만의 여성들에게 전쟁이 아닌 기술의 발전과 문화의 다양성, 사회제도 등을 통해 여성의 정신적 기운을 안정시키기 위해 노력하고 있다.

현대 사회는 지식의 급속한 발전으로 나날이 복잡해지기 때문에 남성이 육체적 기운의 우위만 가지고는 사회에서 살아남을 수 없어, 남성들은 육체적 기운의 비중을 줄이고 정신적 기운을 확장하였고, 이로 인해 여성성이라 말하는 성향을 띄게 되었다. 그리고 이런 기운에 전적으로 의지하려는 남성들이 나타나면서 남성의 여성화가 나오게 된다. 하지만 기본적으로 남성은 육체적 기운이 강해야 하고, 정신적 기운의 운용에 있어서는 상대적으로 여성보다 강할 수 없다. 따라서 사회구조 전반에 있어, 정신적 기운을 주로 쓰는 곳에 여성들의 진출은 커진다. 발전되어 안정된 나라일수록 여성을 보호하는 장치가 발달될 것이고, 여성의 사회활동도 두드러지며, 권력의 핵심에 있어서도 여성이 차지하는 비중이 점차 확대된다.

내부적으로 여성의 권력이 정점에 다다르면, 정신적 기운이 육체적 기운을 억압하는 결과가 나타나게 될 가능성이 있고, 그렇게 되면 기운의 근본인 육체적 기운에 반하게 된다. 이에 따라 육체적 기운을 주로 운용하는 이들이 정신적 기운을 주로 운용하는 이들을 억압하는 투쟁이 일어날 가능성이 높아진다. 그래서 투쟁이 끝나면 다시 사회유지를 위해 정신적 기운이 필요하게 되고, 이에 따라 육체적 기운과 정신적 기운이 균형을 잡아가게 된다.

대외적으로는, 약화된 육체적 기운 대신 정신적 기운이 권력을 잡게 되면 외세의 영향이 커진다. 이는 육체적 기운이 강한 곳에서 오며, 그 육체적 기운이 강한 정신적 기운에 의해 받쳐지는 곳이면, 그 강도는 크고 그 나라에 의해 침략될 가능성이 높다.

정신적 기운이 권력을 잡게 되더라도, 육체적 기운을 받쳐 강인하게 만들어 정신적 기운을 온전히 유지하게 한다면, 정신적 기운도 권력을 유지하는 데에는 어려움이 없으나, 육체적 기운을 억압한다면 육체적 기운은 다른 육체적 기운을 감당하지 못해 해체될 것이고, 그렇지 않고 어느 정도 육체적 기운이 존재한다면, 그 육체적 기운은 정신적 기운을 해체시켜 다른 정신적 기운으로 바꾸려할 것이다.

남성의 기운 유지

　　남성은 육체적 기운을 주로 사용하고, 여성은 정신적 기운을 주로 사용한다. 그래서 남성은 육체적 기운이 여성보다 약해지면 여성의 정신적 기운에 받쳐지지도 않고, 또한 여성들에게 억압을 받게 된다. 이런 이유로 남성들이 만들어낸 장치들이 경제력, 명예와 권력, 지식 등 그러한 것들이다. 남성들이 이러한 장치들을 놓는 그 즉시 억압을 받기 때문에 이것을 놓지 않으려 하는 것은 당연한 자기 보호이다. 가족에 있어서도 나이 많은 사람이 이러한 장치들을 갖추고 있어야 여성들에 의한 억압에서 보호가 된다. 하지만 정신적 기운의 운용에 있어 우위가 있는 여성들의 입장에서는 그다지 자신의 기운을 유지하는 길이 아니라 생각되어, 육체적 기운이 쇠한 남성에게 기운을 주지 않고, 육체적 기운이 강한 다른 남성에게 정신적 기운을 주어 그를 자신의 곁에서 벗어나지 못하게 하려 한다.

　　남편이 나이 들어 육체적 기운이 쇠하게 되

면 부인은 활발한 육체적 기운을 가진 아들이나 혹은 사위, 아니면 또 다른 남성을 찾게 되고 그들의 정신적 기운을 잡으려 하는 것은 당연한 일이나 남편 그 자신에게는 그다지 유쾌한 일은 못된다. 이러한 것들은 남성 자신이 알게 모르게 진행되는 일이므로 남성들은 자신의 정신적 기운이 변해가는 이유를 잘 알지 못한다. 또한 자신의 기분이 왜 상승되고 하락되는지도 모른다. 이는 여성이 그런 상황을 정신적 기운으로 움직이기 때문이다. 이런 것은 정신적으로 발달된 사람이 분위기에 휩쓸리지 않고, 그 상황의 기운을 살펴보면 알 수 있는 것이다.

여성은 자신을 지켜주던 남성이 사라지고 나면 자신을 지켜줄 다른 남성이 나타날 것이라 생각되지만, 다른 남성들은 그 남성의 기운을 받치고 있는 여성들이 존재하므로 쉽게 이루어지지 않는다. 그리고 어느 정도 가족 간의 유대에 의해 지속이 된다고 하더라도 기운의 경계는 존재하고, 이로 인해 다른 곳에서 그러한 기운을 찾으려 무리하게 정신적 기운을 사용하게 된다면, 기운이 쇠하는 정도가 빨

라지게 되어 더욱 좋지 않은 결과를 가져올 것이다. 그러므로 자신의 기운을 온전히 하는 방법은 자신의 동반자 또는 반려자의 기운을 좋은 상태로 유지하기에 힘쓰며, 서로의 노력에 의해 형성된 조화로운 기운을 계속 유지하기 위해 힘쓰는 것이다.

　　　　남성이 자신의 기운을 유지하는 방법으로는 항상 건강을 돌보고 상황판단을 잘하여 기운을 함부로 쓰지 않는 것이며, 노후를 위해 무엇인가를 축적하고 나이가 들수록 정신적 기운을 발달시켜 자신의 기운이 주변의 정신적 기운에 영향 받는 것을 최소화하여, 자신의 천운이 다하는 그날까지 기운의 유지를 위한 연구 - 육체와 정신의 기운을 조화롭게 사용하여 기술 및 사회발전을 위한, 그리고 개인은 물론 전체의 유지를 위한 - 의 한 분야를 갖는 것이다.

　　　　가족의 기운을 유지하는 방법은, 사회생활 속에서 다른 사람으로부터 자신에게 들어온 좋지 않은 기운을 그 기운을 준 사람에게 돌려주고, 자신의 동반자나 반려자에게까지 좋지 않은 기운을 주지 않게 하는 것이다. 가족에게 좋지 않은 기운은 가족을 해체시켜 자신들의 기운 상승이나 유지를 추구하는 사람들에 의해 조장이 되는 것이므로, 그런 기운에 힘쓸려 섣불리 움직인다면, 가족 구성원의 개인화 및 해체로 가족을 포함한, 자신의 기운은 크게 저하가 될 것이다.

사회생활은 경쟁과 협력이므로, 경쟁관계에 의해 다른 사람에게서 받은 좋지 않은 기운을 자신이 받아, 그 영향으로, 좋은 기운을 주고받는 사람에게 좋지 않은 기운을 준다면, 이것도 자신의 기운을 더욱 떨어뜨리는 일이다. 그러므로 사회생활의 경쟁도 서로의 기운을 보다 풍요롭게 하려는 노력에 의한 것이 좋다.

여성과 아이는 자신의 기운이 어떻게 해야 잘 유지될 수 있는 가를 잘 알고 있으므로, 남성들은 여성과 아이의 목소리에 귀를 기울여야 한다.

가족

여러 여성의 기운이 한 남성에게 모이면, 그 남성은 그렇지 않은 다른 남성보다 강한 기운을 갖게 된다. 또한 여러 남성의 기운이 한 여성에게 모이면 그 여성은 다른 여성보다 강한 기운을 갖게 된다. 그 기운들은 여러 형태로, 지속적일 수도 있고, 순간적일 수도 있다. 기운이 한 남자에게 계속 모이기 위해서는 그 남자가 자신의 기운을 받쳐주고 있는 여성들의 기운을 계속해서 유지 시켜야 한다. 그러나 실질적으로 그럴 수 없고, 그렇게 되더라고 수많은 남성들의 도전을 받게 되어 온전치 못하게 된다. 여성도 이와 마찬가지이다. 이러해서 결혼이란 합리적인 제도가 만들어지고, 이것은 사회의 분란을 막고 기운을 온전하게 하는 기본적인 수단으로써 그 역할을 한다. 특정한 유전적인 요소를 고려하지 않고, 일반적인 가족관계를 기운으로 설명하면 다음과 같다.

한 집안에 아들과 딸이 있을 경우, 아버지의 기운이 강하면 딸들의 기운이 강하고, 아들의 기운은 상대적으로 약하다. 어머니의 기운이 강하면 아들들의 기운은 강하고, 딸들의 기운은 상대적으로 약하다. 딸들이 많은 집안에 남자가 있다면 남자는 육체적으로는 발달되지 못하고 정신적으로 발달되어질 가능성이 높다. 아들들이 많은 집안에 딸이 있다면 정신적인 측면보다는 육체적으로 발달되어질 가능성이 높다.

외동아들이 있을 경우, 부인이 자신에게 들어오는 기운에 못 이기면 남편이 밖으로 도는 직업을 가질 가능성이 높다. 외동딸이 있을 경우, 남편이 자신에게 들어오는 기운에 못 이기면 부인이 밖으로 돌 가능성이 높다. 아들만이 여럿 있는 경우, 부인은 남성들의 정신적 기운을 받쳐주기 위해 많이 힘들 것이고, 딸들만 여럿 있는 경우, 남성은 여성들의 육체적 기운을 받쳐주기 위해 많이 힘들 것이다.

육체적으로 발달된 여성은 정신적으로 발달

된 남성과 만날 가능성이 있다. 이렇게 되서 자식을 낳아 아들이 태어나면 육체적으로 발달될 가능성이 높고 딸이 태어나면 정신적으로 발달될 가능성이 높다. 이는 한 가정이 강한 기운을 형성하기 위한 자연스러운 현상이다. 한 집안의 안정을 위해서는 위와 같이 기운이 자연스럽게 형성되어야 한다.

주로 정신적 기운을 사용하는 아버지가 지나치게 딸을 보호한다면, 딸들의 기운은 더욱 강해지고, 그렇게 되면 딸들은 아들들의 기운을 억압하여 아들들은 자연스럽게 억압에서 벗어나기 위해 힘쓸 것이며, 그렇게 되지 못할 경우 사회의 유혹에 쉽게 현혹될 것이다. 좋은 쪽으로 흐르게 되면 문화예술 쪽으로 향하게 되지만, 좋지 않은 쪽으로 흐르게 된다면 결코 좋지 않다. 또한 딸들이 아버지의 남다른 보호를 받는다면, 오만한 기운 - 자신이 갖고 있는 기운보다 많은 기운이 있을 것이란 자기착각 - 을 갖게 되어 사회와 부딪치면 빈번하게 마찰을 일으킬 것이며, 또한 아들들은 육체적으로 약하게 되어 사회의 경쟁력이 뒤쳐지게 될 것이다.

위와 반대로 주로 육체적 기운을 운용하는 어머니가 아들을 감싼다면, 아들들의 육체적 기운이 강해지고 그렇게 되면 문제를 힘으로만 해결하려 하여, 아들들은 밖에서 여러 분쟁에 휩싸일 것이고, 또한 딸들을 억압하여 딸들은 정신적으로 약하게 되어 사회의 경쟁력이 뒤쳐지게 될 것이다.

아버지는 정신적 기운을 사용하는 직업을 갖고 있다 하더라도, 육체적 기운을 유지하기에 힘써야하고, 어머니는 육체적 기운을 사용하는 직업을 갖고 있다 하더라도, 정신적 기운을 유지하기에 힘써야한다. 대체로 아버지가 기운이 강하면, 이는 가정에 여성들이 많을 것이고, 어머니가 기운이 강하면, 이는 가정에 남성들이 많을 것이다.

일

일할 때 열심히만 한다고 좋은 것이 아니

다. 효율적으로 해야 한다. 일할 때 자신의 기운을 소진하는 것은 외부에 대한 자신의 저항력이 약화되는 결과를 가져온다.

인간의 삶도 동물들과 마찬가지로 경쟁을 통한 습득이다. 물론 '사자도 쥐를 잡을 때 최선을 다한다.'라고 말하는 데, 그것은 자신의 기운을 사용하면서 자신이 갖고 있는 기술을 쥐 하나에 집중하는 것이지, 기운을 다 소진한다는 뜻은 아닐 것이다. 자신의 기운이 소진되면, 기운이 강한 사람에 의해 자신이 억압될 가능성이 높아진다. 자신의 기운을 채워줄 가족이나 친구 또는 동료가 있다면 모를까 그렇지 않다면, 기운이 없어 저항력이 약화된 상태에서는 자신보다 강한 기운에 억압을 받게 될 것이다. 그 억압은 육체적 기운뿐만 아니라, 정신적 기운으로, 그리고 우리가 쉽게 인지하지 못하는 '저주'로써 억압을 당하게 된다. 가족이나 친구, 동료 또한 좋은 관계를 유지해오지 않았다면 의식적이든 의식적이지 않든, 그 순간 자신을 억압하려 할 가능성을 갖고 있다.

이렇게 자신의 기운이 소진되고, 그 상태에서 다른 사람에 의해 계속 억압받아 기운의 보충이 제대로 이루어지지 못하게 되면, 다른 사람의 의지, 즉 생각이나 감정 등이 자신에게 쉽게 들어오게 되고, 또한 기운이 약해지기 전에 받았던 다른 사람의 생각이나 감정 등이, 기운이 약해질 때 자신의 생각이나 감정에 영향을 주게 된다. 이렇게 기운이 소진되어 그러한 것들에 대한 분별력과 저항력을 유지하지 못하게 되면, 자신의 생각이나 감정이 아닌, 자신이 받거나 받았던 다른 정신적 기운들에 의해, 자신이 행동하게 될 가능성이 있다.

자신의 기운이 소진 되어 저항력이 약화된 상태에서는, 자신과 관계된 사람들로부터 들어오는 기운들과 주변의 기운들을 무방비로 받아들여, 그러한 기운이 자신의 생각과 기분에 영향을 주게 된다, 그렇게 형성된 정신적 기운이 자신의 육체적 기운을 움직이므로, 자신은 자신의 의지대로 행동을 할 수 없게 된다. 그리고 기운이 회복이 되지 않고, 계속된

다른 기운의 억압에 의해 자신의 기운이 쇠진 되어
버리면, 자신의 주변에 아무도 없는데도 누군가의
생각이나 말이 들리게 되고, 다른 사람들이 자신을
욕하는 것과 같은 소리가 들리게 된다.

　　　　기운이 약해지면, 풍부한 영양분의 공급과
충분한 휴식, 그리고 논리적인 지식의 습득과 올바
른 정보의 교류가 이루어져야한다. 그리고 육체노동
의 대가가 정당하게 이루어져야 정신적 기운도 안정
되어, 개인의 기운으로부터 사회 전체의 기운에 안
정을 갖고 올 수 있다.

　　　　어느 것이든 지나치면 자신의 건강뿐만 아
니라 가족들의 건강에도 좋지 않은 결과를 가져오므
로, 자신의 기운을 온전히 하며 일을 하는 것이 올
바르고, 그러한 기운이 쌓이고 쌓이면 강한 기운을
형성하므로, 자신의 기운이 닿는 만큼 일을 할 것이
며 무리하게 기운을 쓰라는 억압이 있을 때에는 이
에 맞서는 것이 더 자신의 기운을 온전히 하는 방법
이다.

사회제도

사회는 여러 가지 제도로 인간의 행동을 규제한다. 이것은 각 개인이 자신의 기운대로 행동했을 경우, 각각의 기운들이 충돌하여 발생할 수 있는 분쟁을 막기 위함도 있고, 또한 권력을 잡은 이들이 자신의 기운을 계속 좋은 상태로 유지하기 위해 다른 사람들의 기운을 억압하는 것도 있을 것이다.

기술문명의 발달은 물질의 풍요를 가져와 보다 많은 사람들의 기운이 상승되었다. 그래서 절대 권력은 그 힘을 잃을 수밖에 없다. 다수의 의견이 반영이 되는 것도 기술문명이 가져다 준 혜택이다. 따라서 사회제도는 점차 '개인의 기운대로 행동했을 경우 발생할 수 있는 분쟁을 막는 역할'을 수행하는 쪽으로 옮겨진다. 그러므로 개인에게 있어, 기운의 유지를 위해 사회제도의 습득이 보다 절실해지고 있다.

각 개인의 기운 상승은, 그에 맞는 사회제도의 보완이 필요하지만, 다른 기운들과의 불필요한 충돌로 자신의 기운을 낭비하는 일에 대해서는 사회제도를 떠나 개인적으로도 생각해보고 대처해야 할 일이다.

생각해 볼래?

tHink First 확 장 擴張

발산, 수렴, 간섭

　　　　정신적 기운의 운용을 간단히 구분한다면, 발산, 수렴, 간섭이다. 발산은 자신의 정신적 기운이 나가는 것이고, 수렴은 다른 정신적 기운이 자신에게 들오는 것이다. 간섭은 자신에게 수렴된 다른 정신적 기운이 자신의 정신적 기운에 영향을 주거나, 자신의 정신적 기운이 발산되어 다른 정신적 기운에 영향을 주는 것이다. 자신의 정신적 기운이 어떠한 형태로 운용되든 정신적 기운은 발산을 하게 된다. 또한 수렴도 자신이 의식하든 하지 못하든 상관없이 수렴을 하게 된다. 이런 수렴된 정신적 기운이 자신에게 영향을 주느냐 못주느냐는 기운의 간섭 문제로, 기운이 자신에게 필요한 것인가 불필요한 것인가로 구분되어져야 하지만, 그렇게 쉽게 구분되지는 않을 것이다.

자신이 발산한 정신적 기운이 다른 사람의 정신적 기운에 수렴되어 그 사람의 정신적 기운을 간섭하게 되면, 그 정신적 기운이 그 사람에게만 머무는 것이 아니라, 그 사람에게 수렴된 정신적 기운과 그 정신적 기운에 대한 반응이 다시 발산되어 그 주변사람에게 수렴되고, 자신에게도 다시 수렴되어 간섭하게 된다. 이렇게 사람들의 정신적 기운은 계속 발산과 수렴, 간섭을 반복하여 서로 소통하게 된다.

짝 맞추기 게임

두뇌를 활발히 이용하기 시작할 무렵의 6세에서 7세 정도의 어린아이와 신경 쓸 일이 많아 두뇌활동을 별로 하고 싶지 않은 부모가 짝 맞추기 게임을 한다고 하자.

부모는 서로 다른 짝이 있는 수십 개의 카드들을 섞어서 바닥에 놓는다. 그러고는 이리저리

뒤섞인 서로 다른 그림들 속에서 같은 그림의 짝들이 어디 있나 대충 본다. 한편 자녀는 유심히 바닥의 짝들을 이리저리 살피고 있다. 부모는 자녀에게 뒤집어도 되느냐고 물어본 뒤, 카드들을 뒷면이 보이게 뒤집어 놓는다. 부모는 몇 개 기억 못하여, 그것만을 기억하고, 자녀와 순서대로 카드들을 하나씩 뒤집어 짝을 맞추기 시작한다. 부모는 수십 장의 카드 중에 자신이 알고 있는 몇 개만을 먼저 찾아낸다. 자녀는 재빠르게 대번 찾아낸다. 이제 부모는 자신이 알고 있는 카드들의 짝들을 다 찾아내어, 더 이상 기억하는 카드가 없기에 수십 장의 카드들 중, 대충 한 장의 카드를 뒤집어 본다. 그리고 어디 있을까 기억을 해보는데, 이상하게 수십 장의 카드 중에 어느 한 장이 유난히 선명하게 보인다. 그래서 그 카드를 뒤집으니 짝이 맞는다. 자녀는 안타까워하며 자신의 것을 찾는다. 그리고 다시 부모차례에서 부모는 전과 비슷한 경험을 하며 짝을 맞춘다. 아이는 또다시 안타까워하며 부모가 너무 잘하는 것을 못내 질투하다가 실수도 하고, 그래서 결국 짝 맞추기 게임에서 부모가 이긴다.

짝 맞추기 게임은 자신의 기억력을 알아보는 게임이다. 그런데 이상하게도 그 게임에 별로 관심도 없는 부모는 자신의 기억력과 다르게 게임을 자녀보다 잘한다. 왜일까?

그 이유는 정신적 기운의 소통에 있다. 부모가 어린아이보다 기억력이 좋아 게임을 잘하는 것이 아니라, 기억에 집중하며 카드를 보는 어린아이의 정신적 기운이 강하게 발산하였기 때문에, 바로 옆에 있는 부모에게 어린아이의 정신적 기운이 수렴되어 부모의 정신적 기운의 운용에 간섭을 일으켰기 때문이다.

자폐적 성향

짝 맞추기 게임과 반대로, 부모의 정신적 기운이 강하게 발산되면 자녀의 정신적 기운에도 강하게 수렴하여, 자녀의 정신적 기운의 운용에 간섭이 클 것이라고 생각해 볼 수 있다. 그리고 어린 자녀는 부모로부터 정신적 기운을 대부분 받아들이므로, 부모가 특정한 무엇인가에 신경을 쓰고 있으면, 그 자녀가 부모의 기운을 받아들여 특정한 기운을 형성하는데, 그 특정한 기운의 성질에 따라 아이의 정신적 기운의 형성에 끼치는 영향이 다를 것이다. 그리고 부모가 안정되면, 아이도 안정을 갖지만, 부모가 불안하면, 아이도 불안하여 현실에 집중력이 떨어지고, 부모가 외부로부터 억압을 받으면, 아이는 위축되어 말과 행동이 뒤처질 것이다.

부모가 합리적이지 않고, 논리적이지 못하며, 폐쇄적이고, 파괴적이며, 그런 좋지 않은 기운을 갖는다면 어떨까? 또한 그런 기운을 강하게 발산을 한다면 어떨까? 그러면 자녀는 현실에 대한 인식에 간섭을 크게 받아 감각으로 받아들인 현실인식에 왜곡현상이 발생하게 될 가능성이 있게 된다. 왜곡현상은 감각기관에서 수집하여 인식하는 사람과 사물 및 자연의 물리적인 운동에 대해 온전한 모습을 갖추어 받아들이지 못하는 것이다. 아이의 현실인식에 대한 왜곡현상은 정신적 기운의 운용을 올바로 하지 못하게 하여, 육체적 기운의 운용을 올바로 할 수 없게 한다. 그러므로 아이는 행동이 위축되고 제한되어 부자연스러워지며, 사물의 인지나, 다른 사람들과의 교류가 원만하게 이루어지지 못하게 된다. 이러한 아이가 자폐적인 성향을 가질 가능성을 갖고 있다.

한편 자녀가 가족 안에서 억압을 받는 경우도 현실에 대한 왜곡으로 인해 자폐적인 성향을 가질 수 있으며, 다른 사람의 정신적 기운을 받아들이는 능력이 탁월한 아이의 경우에도 다른 정신적 기운의 수렴에 대한 분별력이 생기기 전이라면, 그 기운들이 아이의 정신적 기운에 간섭을 일으켜, 현실에 대한 왜곡을 주어 자폐적인 성향을 가질 수 있고, 또한 아이가 정신적 기운이 약한 경우에도 다른 정신적 기운의 간섭이 커져, 그로 인해 왜곡이 발생되어 자폐적인 성향을 가질 수 있다. - 정신적 기운의 소통이 과도하게 이루어져 자폐적인 성향을 보일 수 있는 것과는 반대로, 정신적 기운의 소통이 제대로 이루어지지 않을 경우에도 자폐적인 성향이 나타날 것이다. 이런 사람들은 안정감, 즉 사람들이 정신적 기운의 소통으로 서로 받쳐주어 얻는 편안함이 부족해 안정감을 갖기 위해 세상을 나름대로 해석하려 할 것이고, 또한 다른 정신적 기운의 간섭이 적어 특정한 분야에서 두드러진 재능을 보일 가능성이 있다.

왜곡현상

현실인식에 대한 왜곡 현상이, 기운이 약하게 보이는 어린아이와 나이 많은 어른들에게 나타날 것이라고 쉽게 생각할 수 있으나, 어린아이는 자신의 기운을 강하게 하기 위한, 자기 본위의 기운을 형성하려는 의지가 강하고, 나이 많은 어른들은 경험을 통해 자기 본위의 기운을 온전히 유지해 왔기 때문에, 기운의 형성과정 중 어떠한 이유에서 기운이 약해진, 왕성하게 활동할 시기의 사람들에게 발생될 가능성이 크다고 보여 진다.

돌발적 행동

 육체적 기운이 안정되지 않은 상태에서 정신적 기운을 과도하게 사용하면, 육체적 기운이 부족하다는 것을 느끼게 된다. 이런 상태에서도 정신적 기운을 무리하게 사용하면, 다른 기운에 대한 분별력과 저항력이 떨어져, 다른 사람들의 정신적 기운이 자신도 모르게 들어오게 된다. 이런 기운들은 주변에 지나가는 사람의 감정일 수 있고, 자신과 가까이 있는 사람들이 갖고 있는 기분일 수도 있다. 그런 다른 사람들의 정신적 기운이, 자신이 인식하지도 못한 채, 자신에게 들어오게 되어, 자신의 정신적 기운에 간섭하면, 자신의 의지와 상관없이 돌발적인 행동이 나올 수 있다.

 위와 같이 돌발적인 행동은 육체적 기운이 안정되지 않고, 다른 기운에 대한 분별력과 저항력이 부족한 상태에서, 정신적 기운이 과도하게 사용

될 경우 나타난다. 육체적 기운을 주로 사용할 때에도 다른 정신적 기운이 자신의 정신적 기운을 간섭하게 되면, 그 간섭에서 벗어나기 위해 폭력적인 행동이 나올 수 있다. 그리고 정신적 기운을 주로 사용할 때는, 다른 사람이 정신적 기운의 소통이 아닌, 무방비로 자신의 기운에 의지하면, 상대의 기운을 억압하여 자신의 기운을 유지하는 데 이용하기 위해, 잔인해 질 수 있다.

상실감

정신적 기운의 소통은 육체적 기운의 소통을 전제로 한다. 육체적 기운의 소통은 물질의 교환 및 제공, 상호 육체적 기운의 보호 등 육체적 기운을 유지하기 위한 활동이다. 이러한 활동은 가족 간에 가장 활발하게 이루어진다.

다른 정신적 기운과 자신의 정신적 기운이 소통되고 있고, 이러한 소통이 어느 정도 호의를 갖고 일정하게 운용되면, 정신적 기운이 서로 받쳐져 자신의 기운과 상대의 기운이 상승되어 일정하게 유지가 된다. 이러한 정신적 기운의 간섭이 안정감을 갖게 한다.

'드는 정은 몰라도 나는 정은 안다.' 라는 말이 있다. 다른 정신적 기운의 간섭이 자신의 기운을 안정시켜 줬다면, 그 정신적 기운이 자신에게 정신적 기운을 주지 않거나, 그 정신적 기운의 발산을 자신이 수렴하지 못하게 된다면, 자신은 기운이 약해져 불안해지고, 상실감을 갖게 된다. 상실감이 지속되면 우울증이 된다.

좋은 정신적 기운의 영향은 오래 주고받는 것이 좋고, 좋지 않은 정신적 기운의 간섭은 빨리 벗어나야 좋은 것이다. 따라서 안정된 기운은 계속 그것을 유지하기에 힘써야 하며, 안정된 기운을 주는 사람들과 좋은 기운을 계속 주고받기에 힘써야 한다.

tHink Second 논의 論議

신독愼獨

'홀로 있을 때도 도리에 어긋남이 없도록 언행을 조심한다.'는 뜻으로, 성리학의 대학과 중용에 나온다는 것은 잘 알고 있을 것이다.

所謂誠其意者, 勿自欺也, 如惡惡臭, 如好好色, 此之謂自謙, 故君子必愼其獨也. 小人閒居爲不善, 無所不至, 見君子以後厭然, 揜其不善, 而著其善. 人之視己, 如見其肺肝然, 然則何益矣. 此謂誠於中, 形於外, 故君子必愼其獨也.

대학에서 신독을 언급한 부분이다. 학교 윤리시간에 신독에 관한 문장을 배웠을 때 '왜 혼자 있을 때도 무엇 때문에 언행을 조심해야 하는가?'라고 의아하게 생각하던 부분일 것이다. 대학에서는 '남이 자신 보기를 폐간 보는 것 같이 한다. 如見

其肺肝然'라는 문구로 그 이유를 밝히고 있다. 자신이 홀로 있을 때 한 언행으로 형성된 기운이, 군자를 만났을 때, 그 기운에 의해 운용되고 있는 것을 군자, 즉 정신적 기운을 활발히 운용하는 사람에 의해, 쉽게 파악이 된다는 뜻이다. 그러나 대학에서 밝히는 신독에 관한 부분은 아직 무엇인가 부족하게 느껴진다.

道也者, 不可須臾離也, 可離非道也. 是故君子, 戒愼乎其所不睹, 恐懼乎其所不聞. 莫見乎隱, 莫顯乎微, 故君子愼其獨也.

중용에서 '성의誠意'를 설명하며 신독을 언급한 부분이다. '도란, 잠시라도 떠나지 않으며, 떠나면 도가 아니다. 道也者, 不可須臾離也, 可離非道也'라는 문구로써 언제나 조심해야 한다고 밝히는 것은 일정한 기운의 형성과 운용, 유지에 있어 당연하지만 홀로 있을 때도 조심해야한다는 것에는 그다지 납득이 가지 않는다. '숨겨진 것이 오히려 보이고, 작은 것이 오히려 드러난다. 莫見乎隱, 莫顯

乎微'는 문구도 홀로 있을 때, 정신적 기운의 오고 감에 대한 이유를 얼핏 밝히고 있을 뿐이다.

　　　그럼 이것을 정신적 기운의 운용으로 생각해보자. 홀로 있을 때는 기운의 활동이 자유스러워, 정신적 기운이 더욱 자연스럽고 강하게 발산되어, 자신의 기운과 밀접하게 연결된 사람들의 정신적 기운에 수렴되어 영향을 주고, 간섭되어 파악된다. 그리고 가까운 거리의 주변 사람들의 기운에도 수렴되어 영향을 주게 된다.

　　　예로 다른 사람이 있을 때 함부로 소리를 지르지 못하지만, 혼자 있을 때는 소리를 질러도 그다지 상관이 없을 것이다. 이것은 자신의 기운이 다른 사람의 기운에 영향을 주지 않는다고 생각하기 때문이다. 이런 생각은 육체적 기운의 운용에 의한 다른 육체적 기운에 대한 간섭에 있어서는 어느 정도 당연하다. 하지만 혼자 있을 때, 자신이 편안한 상태에서 내보내는 기운은 강한 정신적 기운을 형성하여 발산하게 되고, 자신의 기운과 밀접하게 연결된 사람들의 정신적 기운에 수렴되어 영향을 주게 된다. 또한 정신적 기운을 활발하게 운용하는 다른 사람들에게도 수렴되어 영향을 주게 된다.

오히려 혼자 있지 않을 때, 즉 다른 사람들과 있을 때는 자신의 기운은 다른 기운들과의 교류 및 충돌로 인해 스스로 기운을 조심스럽게 하여, 그다지 강한 기운을 발산하지 않기 때문에, 자신의 기운과 연결된 사람들에게 크게 영향을 주지 않는다.

혼자 있을 때는 자신과 정신적으로 연결된 다른 사람들의 정신적 기운이 쉽게 들어오게 된다. 그 이유도 자신이 다른 사람들과 있으면, 가까이 있는 사람들의 정신적 기운과 교류 및 충돌하기 때문에, 먼 거리에서 정신적 기운을 발산하는 사람들의 영향력은 작아지므로, 혼자 있을 때에 자신의 기운과 밀접하게 연결된 사람들의 정신적 기운이 자신의 정신적 기운에 쉽게 수렴되고, 간섭된다. - 이렇게 가까운 사람들과 정신적 기운의 교류가 원활히 이루어지면, 서로의 기운을 받쳐주어, 서로의 기운이 일정하게 유지된다.

　　　　대학이나 중용에서 밝히는 군자, 즉 정신적 기운을 활발히 운용하는 현명한 사람들은 자신의 기운이 다른 사람들의 기운과 긴밀하게 연결되어 있다는 사실을 알기 때문에, 여럿이 있을 때나 혼자 있을 때나 자신의 언행뿐만 아니라 생각조차도 조심스럽게 해야 한다는 것을 파악하고, 이것을 대학과 중용에서 '군자는 홀로 있을 때도 삼가고 경계한다. 君子愼其獨也'라는 문구를 통해 밝힌 것이라 생각된다. 또한 정신적 기운의 소통에 있어서도 이러한 측면을 이해하기 어려운 사람들에게는 단지 '보이지 않는 것이 더 나타난다. 莫見乎隱'라는 문구로써 이해를 시키려 했다고 보인다.

　　　　신독이란 문구로 유추되는 기운의 운용은, 그러나 육체적 기운을 주로 운용하는 사람들에게는 별로 큰 의미를 두고 있지는 않다. 육체적 기운을 쓰고 나면, 기운의 회복을 위해 잘 먹고, 편안한 휴식을 취해야 하기 때문이다. 단지 좋지 않은 것을 행하는 것은 여럿이건 혼자건, 자신의 기운이 약화되므로 하지 않는 것이 좋다.

가위눌림과 인공눈 개발

가위눌림의 원인에 대해서는 과학자들의 신경을 비롯한 두뇌연구를 통해 증명되어지고 있기 때문에, 여기서는 개인이 가위눌림을 겪을 때 경험하는 현상과, 이를 이용한 인공눈이란 장치의 개발에 대해서 이야기를 해보겠다.

육체적 기운이 일시적으로 하락하여, 기운이 없는 상태에서 잠이 들었을 경우, 정신적 기운은 자신의 기운을 유지하기 위해 활발하게 주변의 기운을 받아들여 읽어낸다. 이런 경우 옆집에서 떠드는 소리가 아주 가깝게 들린다든가, 특히 아이의 울음소리나 여성의 톤이 높은 소리들이 선명하게 들린다. 이러한 주변의 여러 소리가 혼재가 되면, 가위눌림을 겪는 동안, 여러 소리를 바로 옆에서 자신을 향해 말하는 것처럼 선명하게 듣게 된다.

그리고 때로는 잠을 자면서 자신이 자기를 본다든가, 주변의 사물들을 보기도 한다. 이런 경험들은 앞서 '유체이탈'이나 '나비의 꿈'에서 설명한 것과 같이, 정신적 기운의 간섭 작용으로, 자신이 자는 곳 옆에 다른 사람이 지나다니며 인식하는 정신적 기운이 발산되어, 그 정신적 기운을 자신이 수렴하여, 자신의 정신적 기운에 간섭하기 때문이며, 이로 인해 다른 사람의 인식을 자신의 인식으로 착각하게 될 가능성이 있다.

사고 직후, 자신이 자기 모습을 위에서 봤다든가, 가위눌릴 때 자기가 자는 모습을 자신이 본다든가, 잠을 자면서 가까운 주변 다른 곳의 장면이 생생하게 보인다든가, 그런 일들은 주변 사람의 현실에 대한 인식이 들어오는 것이므로, 그렇다고 하면 다른 사람의 현실인식에 대한 정신적 기운의 발산이 자신의 정신적 기운의 인식작용에 그대로 수렴되고, 간섭되어 영향을 준다는 것이다. 이러한 현상이 과학자들에게 의미하는 바가 크다.

여기에 중요한 과제가 들어있다. 이미 앞서 설명한 바와 같이 인간의 두뇌의 활동은 서로 간섭을 한다.

정신적 기운을 발산하는 거리, 성질이라는 두 가지의 변수로 생각해보자. 그리고 정신적 기운이 발산하는 매개체를 이미 과학자들이 밝혀낸 뇌파로 생각해보자.

뇌파가 거리와 성질에 의해, 어떤 사람이 발산하는 특정 뇌파를 자신이 그대로 수렴한다고 가정하고, 뇌파의 성질이 현실에 대한 감각기관의 인식이나, 사고방식인가, 특정한 판단이냐에 따라서 그 성질을 달리하여 발산된다면, - 그렇게 함으로써 다른 정신적 기운에 영향을 준다고 판단된다. - 수렴하는 두뇌에서도 받아들이는 특정한 성질의 뇌파가 발산되지 않고, 다른 특정한 성질을 갖는 뇌파들의 간섭이 없다면, 그 특정한 성질의 뇌파가 그대로 자신의 두뇌에 영향을 준다고 볼 수 있다. 이것이 과학적으로 증명된다면, 여러 가지 문젯거리가 생길 수 있지만, 다양한 과학적 장치의 개발에 대한 단서를 제공할 수 있다.

　이러한 뇌파의 발산과 수렴, 간섭이 과학적으로 증명되어져, 논리적으로 밝혀진다면, 어떠한 이유에서인가 시각적으로 불편함을 겪는 사람들에게 도움이 될 수 있는 인공눈이란 장치의 개발에 단서를 제공할 수 있을 것이다.

　뇌파의 간섭에 의해 이루어지는, 직접적인 신경세포의 연결 없이 인공눈을 발명할 수 있을 것이며, 이는 시력이 좋지 않아 안경을 벗고 쓰는 일반 사람처럼, 시각적으로 불편함을 갖고 있는 사람도, 그 사람이 시각으로 볼 가능성이 있는, 그와 같은 유사한 정보로 두뇌에 간섭을 주는 안경과 같은 장치를 단지 쓰고 벗고 하면 되는 것이다. 이러한 장치는 앞으로 과학자들이 개발해 내야 하는 과제일 것이다. 단지 그 정보가 사용자가 아닌, 다른 사람의 두뇌에 간섭을 주지 않는 범위에서 개발되어야 하는 것은 당연한 것이다.

한편 두뇌에 간섭을 주는 것이 아닌, 자신의 뇌파로 다른 장치에 간섭을 일으키는 장치에 대한 연구는 장치운용의 방식에 있어서도, 정신적 기운이 육체적 기운을 운용하는 것과 같이 장치를 운용할 수 있는 가능성을 제공할 것이다. 그리고 이런 장치에 정신적 기운의 불안정으로 발생될 수 있는 문제와 다른 사람의 정신적 기운의 간섭을 고려하여 개발해야 할 것이다. - 뇌파의 연구는 보다 많은 가능성을 갖고 있다.

그리고 특정한 사람에게 특정한 뇌파가 들어가는 것은 어떻게 가능한 것인가? 이런 현상에 대한 이해는 과학적으로 실증되어야 하겠지만, 가정하여 추측해 본다면, 각 사람들이 갖는 기운이 서로 다르므로 인해, 특정한 사람을 파악하는 중요한 정보로써 그 특정한 사람에게 정신적 기운을 보내고 있다고 보이며, 서로 생각을 주거나 받아들이고 있다고 추측하여 가정할 수 있다. 다시 말하면, 특정한 사람이 만들어내는 정보로 뇌파의 성질을 구성하여 발산하면, 이를 그 특정한 성질에 대한 정보를 갖고 있는 사람이 수렴하는 것이라 볼 수 있을 것이다. 이러한 현상에 대한 과학적인 증명은 꽤 어려울 것이다. 그 이유는 각 개인의 두뇌가 뇌파로 특정한 성질의 정보를 형성하는, 메커니즘과 알고리즘을 밝히는 문제와 날씨변화 및 거리를 포함한 물리적 환경이 주는 영향력, 그리고 이외에 여러 변수가 존재할 가능성 때문이다. 하지만 끊임없이 노력하는 과학자들에 의해 결국 그 원리가 밝혀질 것이다. - 그렇다고 그다지 좋게만 생각해 볼 수 있는 부분이 아니다. 사람의 개성에 간섭할 수 있기 때문이다.

정신적 기운, 영혼, 정신분석학

자신의 육체적 기운을 온전하게 하기 위한, 인식이 가능한 근본적인 정신적 기운을 초자아의 활동이라고 한다면, 영혼이라고 불리는 것이 초자아의 활동인지 아닌지 판단하기 어려워, 여기서는 영혼을 다루지 않았다.

'정신적 기운'은 정신분석학에서 말하는 이드, 초자아, 자아의 활동으로 구분할 수 있을 것이다. 정신분석학에서 이드는 쾌락본능이라고 하여 쾌락을 우선시 한다고 한다. 본인은 이드를 강한 기운을 형성하기 위한 육체적 기운의 의지로 보며, 정신적 기운의 시작이라 할 수 있고, 이것을 본능이라 파악한다. 이러한 관점으로 정신분석학에서 말하는 이드의 쾌락추구는 자신의 기운을 강하게 형성하기 위한 쾌락이라 할 수 있다. 그러므로 자신의 기운을 강하게 형성하지 못하는 쾌락은 쾌락이라 볼 수 없다. 그리고 초자아는 본능을 실현하기 위한 기운의 운용이며, 무의식과 의식을 오고가며 활동한다. 초자아는 자신의 몸이 위험에 처했을 때는 의식적인 곳에서 자신의 기운을 유지하기 위해 상황을 헤쳐 나간다. 이때는 판단과정이 짧고, 인식이 곧바로 행동으로 이어진다. 이로 인해 자신의 상태가 일정하게 유지되면 자아를 형성하고, 다시 무의식으로 들어가 주로 활동하게 된다. - 자아는 초자아가 자신의 상태와 주변 상황에 적절히 대처하며 만든 행동습관으로 얻은 안정감으로 이루어지는 사고체계이다. - 감정의 기복은 초자아의 활동으로 보이며, 기분 또한 초자아가 다른 정신적 기운을 읽고 받아들이는 활동이라 볼 수 있다. 안정적이라면, 이러한 활동은 무의식적으로 이루어진다. 두려움이라는 감정은 기운을 불안정하게 하여 초자아를 계속 의식적으로 활동하게 한다. 초자아가 의식적으로 활동하게 되면, 상황에 대한 반응이 즉각적으로 이루어져, 육체적 기운의 소모가 크므로 계속된 초자아의 의식적인 활동은, 기운에 그 만큼의 보충이 없다면 자신의 기운을 약하게 한다.

정신적 문제는, 두뇌의 손상이 없다고 하면, 다른 정신적 기운이 자신의 정신적 기운에 과도하게 영향을 주어 간섭을 일으키는 것으로 발생된다. 이러한 지나친 간섭은 상황에 대한 행동을 자신의 의지와는 다르게 이끌어 자신에게 맞는 합리적인 행동을 저해한다.

정신적 기운의 간섭은 초자아의 활동이라 유추되며, 여성이 상대적으로 정신적 기운의 활동을 활발히 하므로, 초자아의 운용이 남성보다 활발하게 이루어진다. 하지만 남성도 정신적 기운을 활발히 이용하면서 초자아에 대한 활용능력이 커진 것은 사실이다. 그리고 아직 성년이 되지 못하여 불안정한 어린아이들에게 있어서도 초자아가 활발히 운용되므로, 다른 사람의 생각을 읽거나, 다른 사람에게 자신의 생각을 전달하는 능력을 사용하여, 다른 사람의 정신적 기운에 간섭을 일으킨다. 이러한 활동은 불안정한 어린아이가 자신의 기운을 유지하기 위해 하는, 정신적 기운의 활동이므로 그렇게 특별한 능력은 아니다. - 본능, 초자아와 자아의 활동은 동시적이고, 상황에 따라 활동의 크기가 다를 뿐이다.

남성 중심의 사회로 볼 때 초자아를 이용하여 자신의 기운을 유지하는 것보다는 육체적 기운을 이용한 물질의 풍요와 함께 과학 기술의 발달, 합리적인 시스템과 사회제도가 기운을 온전히 할 수 있는 방법이고 안정감을 유지시키기 때문에, 남성에게 있어서 초자아는 무의식으로 들어가 표면에 되도록 나오지 않는 것이다. 또한 남성 중심의 사회에서 초자아를 드러내는 것은 아직 성숙되지 않은 것으로 인식되어진다. 그러나 남성이 항상 강한 기운을 유지할 수도 없고, 정신적 기운을 주로 사용하는 사회활동을 하다보면, 기운이 약해질 때 다시 초자아가 의식적으로 활동하게 된다.

어떠한 이유에서, 기운이 오랜 기간 약한 상태에 있으면 초자아가 지속적으로 의식적인 곳에서 불안정하게 활동하게 되고, 다른 초자아의 간섭과 억압을 견디지 못하면, 상황을 제대로 인식하지 못하여, 자신의 기운을 스스로 위축하게 된다. 이러한 상태를 우울증이라고 한다.

우울증이 지속된다면, 환청이 들리는 등 정신적인 문제가 발생하게 된다. 그 이유는 불안정하고 위축된 초자아가 다른 초자아의 간섭에 크게 영향을 받기 때문이다. 이런 간섭은 초자아의 판단능력을 현저히 떨어뜨리며, 이로 인해 자신의 내부에서 들리는 목소리가 자신의 정신적 기운의 목소리인지, 다른 정신적 기운의 목소리인지 구별하지 못하게 되어 돌발적인 행동이 나올 수 있다. - 우울증을 스스로 극복하는 방법은 좋은 기운을 꾸준히 보충하고, 자신에게 들어오는 좋은 기운과 좋지 않은 기운들을 구별해내려 노력하고, 불필요한 기운의 소비를 줄이는 것이다. 그러면 초자아는 차차 의식에서 무의식으로 옮겨가고 자아가 의식에서 활동을 하여 안정감을 가져다 줄 것이다.

정신적 문제의 해결 방법은 다른 초자아들의 간섭을 구별하고, 과도한 간섭을 줄이고, 불필요한 간섭을 제거하는 것이다. 그러므로 정신적 문제에 대한 원인을 찾기 위해서 자신의 초자아의 활동과 다른 초자아의 간섭을 파악해야 한다. - 다른 초자아가 자신에게 계속 일정하게 영향을 주게 되면, 그 초자아가 자신의 초자아를 간섭하여 생각과 행동에 지속적으로 영향을 주게 된다. 만약 반대되는 성향의 다른 두 초자아와 계속 접촉을 하였다면, 동일한 상황에서 어떤 초자아의 간섭이 우세하느냐에 따라 행동이 대립되어 나타난다.

'도道'란 뭘까?

기운의 형성, 운용, 유지

도를 닦은 사람들이 무엇이 어떻다고 이야기를 하고, 도에는 무엇이 있는 것처럼 이야기를 한다. 그러나 정작 도를 닦고 무엇을 알았는지는 간단하게 설명하지 않는다.

'도道'는 자신의 기운을 강하게 형성시켜, 올바로 운용하고, 온전히 유지하는 것이다. - 기운의 형성, 운용, 유지는 활동의 정도만 다를 뿐 동시적이다.

기운은 자신의 기운과 다른 사람의 기운이 연결되어 오고간다는, 자연스러운 기운의 원리를 이해하면, 육체적 기운뿐만 아니라 정신적 기운이 서로 소통한다는, 정신적 기운의 발산 및 수렴을 통한, 교류 현상을 이해할 수가 있다. 이로 인해 육체적 기운의 간섭뿐만 아니라 다른 정신적 기운이 자신의 생각이나 의지에 영향을 주는, 다른 정신적 기운의 간섭을 알 수 있고, 또한 자신의 정신적 기운이 다른 정신적 기운에 영향을 주어 간섭하고 있는 것을 알 수 있다.

예로부터 여러 수많은 문헌을 통해 '도'에 대해서 그렇게 이야기가 많은 것은 기운을 어떻게 하면 강하게 형성하는 가에 관해서, 그리고 그 강한 기운을 올바로 운용하는 것이 무엇인가에 관해서, 그리고 그것이 온전하게 자신의 기운을 유지 할 수 있는 것인가에 관해서 설명하려 하기 때문이다.

사회는 복잡하고, 다변화되어 있다. 무엇이 옳고 그른 것은 개인, 자신의 기운에 좋은가 나쁜가에 따라 판단되어져야 하고, 그러한 개인, 자신의 기운이 주변사람의 기운을 좋게 할 때 좋은 사람이 되는 것이고, 좋지 않게 할 때 좋지 않은 사람이 되는 것이다. 그 성향이 자신의 기운이 되는 것이다.

개인은 자신의 기운을 강하게 형성하고, 사회를 통해 올바로 운용하고, 자신과 사회의 기운을 온전히 유지해야 한다. 이러한 방법에 있어서는 각자 타고난 기운에 따라 다르겠지만, 자신의 상황과 주변 환경에서 자신의 기운을 좋게 하기 위해 힘쓴다면, 그리고 자신의 기운이 다른 기운과 연결되어져 있다는 사실을 인지하고, 다른 사람들의 기운도 좋게 하려는 의지를 가질 때, 기운을 강하게 형성, 올바로 운용, 온전히 유지하는 방법을 사회의 지식과 경험을 통해 자연스럽게 알 수 있을 것이다.

도를 닦다

'도를 닦다.' 라는 것은 자신에게 들어온 기운들 안에서 필요한 기운과 불필요한 기운을 구분하는 것이다. 그리고 자신에게 불필요한 기운을 내보내고, 필요한 기운을 적극적으로 받아들여 자신의 기운을 강하게 하는 것이다. 그러므로 도를 닦는 것은 공부를 하는 것이 될 수도 있으며, 독서를 하거나 새로운 정보를 얻거나, 다른 사람과 진지한 대화를 나누는 것이 될 수도 있고, 요리를 하거나 식사를 하는 시간이나, 자신의 미래를 계획하는 시간이 될 수도 있으며, 무엇인가 발명을 위해 연구를 하는 것 등 자신에게 필요한 기운을 만들어 내거나 받아들이는 모든 일은 도를 닦는 것과 다름이 없다.

그런데 '도를 닦다.'라고 따로 말하는 것은, 생활하면서 기운의 구별을 제대로 하지 못해 여러 기운이 자신 안에 계속 들어와, 자신을 제대로 유지할 수 없을 정도로 혼재가 되면, 그때서야 비로소 들어온 기운들을 구분하는 시기를 갖기 때문이다.

도를 닦기 위해, 조용한 곳에서 차분히 앉아 참선하는 모습을 직접 보았거나, 대중매체에서 간접적으로 봤을 것이다. 조용한 곳에서 참선을 하는 것은 되도록 다른 기운들에 의해 간섭을 받지 않고, 자신의 내부에 들어와 있는, 자신의 기운을 좋지 않게 하는 불필요한 기운을 구분하여 내보내는, 정신적 기운의 운용을 하기 위함이다. 참선해서 머리가 맑아지는 것은 자신에게 불필요한 기운을 내보냈다는 것으로, 아무 생각도 없게 되는 것이 아니다. 어떤 생각도 들지 않게 되는 것은 기운의 소통이 되지 않는 것이므로 좋지 않은 것이다.

　　도를 닦는 것은 자신에게 들어온 기운들 중 불필요한 기운을 구분해 내고, 좋은 기운을 얻기 위함이므로 이런 활동이 일상에서 자연스럽게 이루어지는 사람에게는 별도로 도를 닦을 필요가 없다. 즉, 일상생활에서 자신에게 들어오는 여러 다른 기운 중 자신에게 맞지 않거나, 좋지 않은 기운을 구별하여 적절하게 대응하여, 자신의 기운을 온전히 유지한다면 가장 좋은 것이다. 그러나 그렇지 못하다면, 자신만의 시간을 갖는 것이 필요하다. 이 시간 동안 자신에게 들어온 불필요한 기운들을 구분해서 내보내고, 필요한 기운들을 얻어 강한 기운을 형성시킨다면, 그것이 바로 도를 닦는 것이다.

기 운 내 !!

독자에게

글을 쓴 본인은 본인을 비롯한 주변 사람들이 갖고 있는 정신적 문제를 풀기 위하여, 불가피하게 '도 道'를 닦게 되었다. 이를 통해 알게 된 것이 기운이며, 정신적 기운의 소통이다.

본문에서 밝힌 정신적 기운의 소통에 대해 이미 알고 있는 사람도 있고, 알지 못하는 사람도 있을 것이다. 정신적 기운의 소통에 대해서 모르는 사람들이 이 책에 담긴 글을 통해 이미 알고 있는 사람들과의 경쟁과 협력에서 동등한 위치에 서길 바란다.

여기서 밝힌 글은 '기운'의 **원리**와 **현상**, 그리고 억압과 간섭에 관한 것이다. 이 글은 지극히 간단하고, 기본적인 내용이며, 기운에 관련된 글들은 단지 자신의 기운을 이해하고, 판단하는데 도움을 줄 뿐이다.

　　　정신적 기운으로 설명하는, 두뇌의 활동에 대한, 글을 쓴 본인의 개인적인 논리는 직관에 의한 것으로 두뇌에 대한 물리적인 증명이 없다. 그러나 여기서 밝힌 정신적 기운의 소통이 이성적으로 받아들여져, 청소년과 정신적으로 문제가 있는 사람들에게 자신이 겪는 정신적인 혼란이나 문제를 논리적으로 이해하는 데 도움이 되었으면 하고, 두뇌 및 정신과 관련되어 연구하는 과학자들의 실증적인 연구에 보탬이 되길 바란다.

문제가 복잡하고 알 수 없게 느껴지는 것은 해답을
자신 안에서 찾으려 하기 때문이다.

지은이 문창규

1972년 서울출생.
명지대 기계공학과 학사, 용인대 영화영상대학원 수료.
현재, 기운론 연구 및 컨텐츠 개발 등을 하고 있다.

기운의 소통 블로그 blog.naver.com/ansxz
전자메일 ansxz@naver.com

기운의 소통

초판발행 2007년 2월 8일   제3판발행 2007년 9월 14일
ebook발행 2008년 10월 21일 제3판2쇄발행 2009년 1월 13일

지은이 **문 창 규**

펴낸곳 감 서   등록 2007년 1월 10일 제25100-2007-2호
주소 서울특별시 광진구 중곡2동 31-25   전화 070 7018 0704
이동전화 011 9744 4128   전자우편 gamseo@naver.com

인쇄 삼원기획 samon.co.kr

　　　　이 책의 저작권은 지은이에게 있습니다. 이 책의 글을
지은이와 협의 없이 무단복제를 하여 이용할 수 없습니다.

값 8,000원
ISBN 978-89-959142-2-9   03150